T&P BOOKS

I0232655

HOLANDÊS
VOCABULÁRIO

PORTUGUÊS BRASILEIRO

PORTUGUÊS
HOLANDÊS

Para alargar o seu léxico e apurar
as suas competências linguísticas

5000 palavras

Vocabulário Português Brasileiro-Holandês - 5000 palavras

Por Andrey Taranov

Os vocabulários da T&P Books destinam-se a ajudar a aprender, a memorizar, e a rever palavras estrangeiras. O dicionário é dividido em temas, cobrindo todas as principais esferas de atividades quotidianas, negócios, ciência, cultura, etc.

O processo de aprendizagem, utilizando os dicionários baseados em temáticas da T&P Books dá-lhe as seguintes vantagens:

- Informação de origem corretamente agrupada predetermina o sucesso em fases subsequentes da memorização de palavras
- Disponibilização de palavras derivadas da mesma raiz, o que permite a memorização de unidades de texto (em vez de palavras separadas)
- Pequenas unidades de palavras facilitam o processo de estabelecimento de vínculos associativos necessários para a consolidação do vocabulário
- O nível de conhecimento da língua pode ser estimado pelo número de palavras aprendidas

T&P Books Publishing
www.tpbooks.com

ISBN: 978-1-78767-367-0

Este livro também está disponível em formato E-book.
Por favor visite www.tpbooks.com ou as principais livrarias on-line.

VOCABULÁRIO HOLANDÊS
palavras mais úteis

Os vocabulários da T&P Books destinam-se a ajudar a aprender, a memorizar, e a rever palavras estrangeiras. O vocabulário contém mais de 5000 palavras de uso comum organizadas tematicamente.

O vocabulário contém as palavras mais comummente usadas

Recomendado como adicional para qualquer curso de línguas

Satisfaz as necessidades dos iniciados e dos alunos avançados de línguas estrangeiras

Conveniente para o uso diário, sessões de revisão e atividades de auto-teste

Permite avaliar o seu vocabulário

Características especias do vocabulário

*   As palavras estão organizadas de acordo com o seu significado, e não por ordem alfabética
*   As palavras são apresentadas em três colunas para facilitar os processos de revisão e auto-teste
*   As palavras compostas são divididas em pequenos blocos para facilitar o processo de aprendizagem
*   O vocabulário oferece uma transcrição simples e adequada de cada palavra estrangeira

O vocabulário contém 155 tópicos incluindo:

Conceitos básicos, Números, Cores, Meses, Estações do ano, Unidades de medida, Roupas & Acessórios, Alimentos & Nutrição, Restaurante, Membros da Família, Parentes, Caráter, Sentimentos, Emoções, Doenças, Cidade, Passeios, Compras, Dinheiro, Casa, Lar, Escritório, Trabalho no Escritório, Importação & Exportação, Marketing, Pesquisa de Emprego, Esportes, Educação, Computador, Internet, Ferramentas, Natureza, Países, Nacionalidades e muito mais ...

TABELA DE CONTEÚDOS

GUIA DE PRONUNCIAÇÃO

Alfabeto fonético T&P	Exemplo Holandês	Exemplo Português
[a]	plasje	chamar
[ã]	kraag	rapaz
[o], [ɔ]	zondag	noite
[o]	geografie	lobo
[õ]	oorlog	albatroz
[e]	nemen	metal
[ẽ]	wreed	plateia
[ɛ]	ketterij	mesquita
[ɛ:]	crème	plateia
[ə]	tachtig	milagre
[i]	alpinist	sinônimo
[ɪ]	referee	cair
[ʏ]	stadhuis	questionar
[œ]	druif	orgulhoso
[ø]	treurig	orgulhoso
[u]	schroef	bonita
[ʉ]	zuchten	nacional
[ũ]	minuut	trabalho
[b]	oktober	barril
[d]	diepte	dentista
[f]	fierheid	safári
[g]	golfclub	gosto
[h]	horizon	[h] aspirada
[j]	jaar	Vietnã
[k]	klooster	aquilo
[l]	politiek	libra
[m]	melodie	magnólia
[n]	netwerk	natureza
[p]	peper	presente
[r]	rechter	riscar
[s]	smaak	sanita
[t]	telefoon	tulipa
[v]	vijftien	fava
[w]	waaier	página web
[z]	zacht	sésamo
[dʒ]	manager	adjetivo
[ʃ]	architect	mês

Alfabeto fonético T&P	Exemplo Holandês	Exemplo Português
[ŋ]	behang	alcançar
[ʧ]	beertje	Tchau!
[ʒ]	bougie	talvez
[x]	acht, gaan	arte

ABREVIATURAS
usadas no vocabulário

Abreviaturas do Português

adj	-	adjetivo
adv	-	advérbio
anim.	-	animado
conj.	-	conjunção
desp.	-	esporte
etc.	-	Etcetera
ex.	-	por exemplo
f	-	nome feminino
f pl	-	feminino plural
fem.	-	feminino
inanim.	-	inanimado
m	-	nome masculino
m pl	-	masculino plural
m, f	-	masculino, feminino
masc.	-	masculino
mat.	-	matemática
mil.	-	militar
pl	-	plural
prep.	-	preposição
pron.	-	pronome
sb.	-	sobre
sing.	-	singular
v aux	-	verbo auxiliar
vi	-	verbo intransitivo
vi, vt	-	verbo intransitivo, transitivo
vr	-	verbo reflexivo
vt	-	verbo transitivo

Abreviaturas do Holandês

mv.	-	plural

Artigos do Holandês

de	-	gênero comum
de/het	-	neutro, gênero comum
het	-	neutro

CONCEITOS BÁSICOS

Conceitos básicos. Parte 1

1. Pronomes

eu	ik	[ik]
você	jij, je	[jɛj], [jə]
ele	hij	[hɛj]
ela	zij, ze	[zɛj], [zə]
ele, ela (neutro)	het	[ət]
nós	wij, we	[wɛj], [wə]
vocês	jullie	['juli]
eles, elas	zij, ze	[zɛj], [zə]

2. Cumprimentos. Saudações. Despedidas

Oi!	Hallo! Dag!	[ha'lɔ dax]
Olá!	Hallo!	[ha'lɔ]
Bom dia!	Goedemorgen!	['xudə·'mɔrxən]
Boa tarde!	Goedemiddag!	['xudə·'midax]
Boa noite!	Goedenavond!	['xudən·'avɔnt]
cumprimentar (vt)	gedag zeggen	[xe'dax 'zexən]
Oi!	Hoi!	[hɔj]
saudação (f)	groeten (het)	['xrutən]
saudar (vt)	verwelkomen	[vər'wɛlkɔmən]
Tudo bem?	Hoe gaat het?	[hu xāt ət]
E aí, novidades?	Is er nog nieuws?	[is ɛr nɔx 'nius]
Tchau!	Tot ziens!	[tɔt 'tsins]
Até logo!	Doei!	['dui]
Até breve!	Tot snel!	[tɔt snɛl]
Adeus!	Vaarwel!	[vãr'wɛl]
despedir-se (dizer adeus)	afscheid nemen	['afsxɛjt 'nemən]
Até mais!	Tot kijk!	[tɔt kɛjk]
Obrigado! -a!	Dank u!	[dank ju]
Muito obrigado! -a!	Dank u wel!	[dank ju wɛl]
De nada	Graag gedaan	[xrãx xə'dãn]
Não tem de quê	Geen dank!	[xēn dank]
Não foi nada!	Geen moeite.	[xēn 'mujtə]
Desculpa! -pe!	Excuseer me, ...	[ɛkskʉ'zēr mə]
desculpar (vt)	excuseren	[ɛkskʉ'zerən]

desculpar-se (vr)	**zich verontschuldigen**	[zih vərɔnt'sxʉldəxən]
Me desculpe	**Mijn excuses**	[mɛjn ɛks'kʉzəs]
Desculpe!	**Het spijt me!**	[ət spɛjt mə]
perdoar (vt)	**vergeven**	[vər'xevən]
Não faz mal	**Maakt niet uit!**	[māk nit œyt]
por favor	**alsjeblieft**	[alstʉ'blift]

Não se esqueça!	**Vergeet het niet!**	[vər'xēt ət nit]
Com certeza!	**Natuurlijk!**	[na'tūrlək]
Claro que não!	**Natuurlijk niet!**	[na'tūrlək nit]
Está bem! De acordo!	**Akkoord!**	[a'kōrt]
Chega!	**Zo is het genoeg!**	[zɔ is ət xə'nux]

3. Como se dirigir a alguém

Desculpe ...	**Excuseer me, ...**	[ɛkskʉ'zēr mə]
senhor	**meneer**	[mə'nēr]
senhora	**mevrouw**	[məv'rau]
senhorita	**juffrouw**	[ju'frau]
jovem	**jongeman**	[joŋə'man]
menino	**jongen**	['joŋən]
menina	**meisje**	['mɛjçə]

4. Números cardinais. Parte 1

zero	**nul**	[nʉl]
um	**een**	[en]
dois	**twee**	[twē]
três	**drie**	[dri]
quatro	**vier**	[vir]

cinco	**vijf**	[vɛjf]
seis	**zes**	[zɛs]
sete	**zeven**	['zevən]
oito	**acht**	[axt]
nove	**negen**	['nexən]

dez	**tien**	[tin]
onze	**elf**	[ɛlf]
doze	**twaalf**	[twālf]
treze	**dertien**	['dɛrtin]
catorze	**veertien**	['vērtin]

quinze	**vijftien**	['vɛjftin]
dezesseis	**zestien**	['zɛstin]
dezessete	**zeventien**	['zevəntin]
dezoito	**achttien**	['axtin]
dezenove	**negentien**	['nexəntin]

vinte	**twintig**	['twintəx]
vinte e um	**eenentwintig**	['ēnən·'twintəx]
vinte e dois	**tweeëntwintig**	['twēɛn·'twintəx]

vinte e três	drieëntwintig	['driɛn·'twintəx]
trinta	dertig	['dɛrtəx]
trinta e um	eenendertig	['ēnən·'dɛrtəx]
trinta e dois	tweeëndertig	['twēɛn·'dɛrtəx]
trinta e três	drieëndertig	['driɛn·'dɛrtəx]
quarenta	veertig	['vērtəx]
quarenta e um	eenenveertig	['ēnən·'vertəx]
quarenta e dois	tweeënveertig	['twēɛn·'vertəx]
quarenta e três	drieënveertig	['driɛn·'vērtəx]
cinquenta	vijftig	['vɛjftəx]
cinquenta e um	eenenvijftig	['ēnən·'vɛjftəx]
cinquenta e dois	tweeënvijftig	['twēɛn·'vɛjftəx]
cinquenta e três	drieënvijftig	['driɛn·'vɛjftəx]
sessenta	zestig	['zɛstəx]
sessenta e um	eenenzestig	['ēnən·'zɛstəx]
sessenta e dois	tweeënzestig	['twēɛn·'zɛstəx]
sessenta e três	drieënzestig	['driɛn·'zɛstəx]
setenta	zeventig	['zevəntəx]
setenta e um	eenenzeventig	['ēnən·'zevəntəx]
setenta e dois	tweeënzeventig	['twēɛn·'zevəntəx]
setenta e três	drieënzeventig	['driɛn·'zevəntəx]
oitenta	tachtig	['tahtəx]
oitenta e um	eenentachtig	['ēnən·'tahtəx]
oitenta e dois	tweeëntachtig	['twēɛn·'tahtəx]
oitenta e três	drieëntachtig	['driɛn·'taxtəx]
noventa	negentig	['nexəntəx]
noventa e um	eenennegentig	['ēnən·'nexəntəx]
noventa e dois	tweeënnegentig	['twēɛn·'nexəntəx]
noventa e três	drieënnegentig	['driɛn·'nexəntəx]

5. Números cardinais. Parte 2

cem	honderd	['hɔndərt]
duzentos	tweehonderd	[twē·'hɔndərt]
trezentos	driehonderd	[dri·'hɔndərt]
quatrocentos	vierhonderd	[vir·'hɔndərt]
quinhentos	vijfhonderd	[vɛjf·'hɔndərt]
seiscentos	zeshonderd	[zɛs·'hɔndərt]
setecentos	zevenhonderd	['zevən·'hɔndərt]
oitocentos	achthonderd	[axt·'hɔndərt]
novecentos	negenhonderd	['nexən·'hɔndərt]
mil	duizend	['dœyzənt]
dois mil	tweeduizend	[twē·'dœyzənt]
três mil	drieduizend	[dri·'dœyzənt]
dez mil	tienduizend	[tin·'dœyzənt]
cem mil	honderdduizend	['hɔndərt·'dœyzənt]

| um milhão | miljoen (het) | [mi'ljun] |
| um bilhão | miljard (het) | [mi'ljart] |

6. Números ordinais

primeiro (adj)	eerste	['ērstə]
segundo (adj)	tweede	['twēdə]
terceiro (adj)	derde	['dɛrdə]
quarto (adj)	vierde	['virdə]
quinto (adj)	vijfde	['vɛjfdə]

sexto (adj)	zesde	['zɛsdə]
sétimo (adj)	zevende	['zevəndə]
oitavo (adj)	achtste	['axtstə]
nono (adj)	negende	['nexəndə]
décimo (adj)	tiende	['tində]

7. Números. Frações

fração (f)	breukgetal (het)	['brøkxə'tal]
um meio	half	[half]
um terço	een derde	[en 'dɛrdə]
um quarto	kwart	['kwart]

um oitavo	een achtste	[en 'axtstə]
um décimo	een tiende	[en 'tində]
dois terços	twee derde	[twē 'dɛrdə]
três quartos	driekwart	['drikwart]

8. Números. Operações básicas

subtração (f)	aftrekking (de)	['aftrɛkiŋ]
subtrair (vi, vt)	aftrekken	['aftrɛkən]
divisão (f)	deling (de)	['deliŋ]
dividir (vt)	delen	['delən]

adição (f)	optelling (de)	['ɔptɛliŋ]
somar (vt)	erbij optellen	[ɛr'bɛj 'ɔptɛlən]
adicionar (vt)	optellen	['ɔptɛlən]
multiplicação (f)	vermenigvuldiging (de)	[vər'menix·'vʉldixiŋ]
multiplicar (vt)	vermenigvuldigen	[vər'menix·'vʉldixən]

9. Números. Diversos

algarismo, dígito (m)	cijfer (het)	['sɛjfər]
número (m)	nummer (het)	['nʉmər]
numeral (m)	telwoord (het)	[tɛl'wõrt]
menos (m)	minteken (het)	['min·tekən]

mais (m)	plusteken (het)	['plʉs·tekən]
fórmula (f)	formule (de)	[fɔr'mʉlə]
cálculo (m)	berekening (de)	[bə'rekəniŋ]
contar (vt)	tellen	['tɛlən]
calcular (vt)	bijrekenen	[bɛj'rekənən]
comparar (vt)	vergelijken	[vɛrxə'lɛjkən]
Quanto, -os, -as?	Hoeveel?	[hu'vēl]
soma (f)	som (de), totaal (het)	[sɔm], [tɔ'tāl]
resultado (m)	uitkomst (de)	['œʏtkɔmst]
resto (m)	rest (de)	[rɛst]
alguns, algumas ...	enkele	['ɛnkələ]
pouco (~ tempo)	weinig	['wɛjnəx]
um pouco de ...	een beetje	[en 'bētʃə]
resto (m)	restant (het)	[rɛs'tant]
um e meio	anderhalf	[andər'half]
dúzia (f)	dozijn (het)	[dɔ'zɛjn]
ao meio	middendoor	[midən'dōr]
em partes iguais	even	['ɛvən]
metade (f)	helft (de)	[hɛlft]
vez (f)	keer (de)	[kēr]

10. Os verbos mais importantes. Parte 1

abrir (vt)	openen	['ɔpənən]
acabar, terminar (vt)	beëindigen	[be'ɛjndəxən]
aconselhar (vt)	adviseren	[atvi'zirən]
adivinhar (vt)	goed raden	[xut 'radən]
advertir (vt)	waarschuwen	['wārsxjuvən]
ajudar (vt)	helpen	['hɛlpən]
almoçar (vi)	lunchen	['lʉnʃən]
alugar (~ um apartamento)	huren	['hʉrən]
amar (pessoa)	liefhebben	['lifhɛbən]
ameaçar (vt)	bedreigen	[bə'drɛjxən]
anotar (escrever)	opschrijven	['ɔpsxrɛjvən]
apressar-se (vr)	zich haasten	[zix 'hāstən]
arrepender-se (vr)	betreuren	[bə'trørən]
assinar (vt)	ondertekenen	['ɔndər'tekənən]
brincar (vi)	grappen maken	['xrapən 'makən]
brincar, jogar (vi, vt)	spelen	['spelən]
buscar (vt)	zoeken	['zukən]
caçar (vi)	jagen	['jaxən]
cair (vi)	vallen	['valən]
cavar (vt)	graven	['xravən]
chamar (~ por socorro)	roepen	['rupən]
chegar (vi)	aankomen	['ānkɔmən]
chorar (vi)	huilen	['hœʏlən]

17

começar (vt)	beginnen	[bə'xinən]
comparar (vt)	vergelijken	[vɛrxə'lɛjkən]
concordar (dizer "sim")	instemmen	['instɛmən]

confiar (vt)	vertrouwen	[vər'trauwən]
confundir (equivocar-se)	verwarren	[vər'warən]
conhecer (vt)	kennen	['kɛnən]
contar (fazer contas)	tellen	['tɛlən]
contar com ...	rekenen op ...	['rekənən ɔp]
continuar (vt)	vervolgen	[vər'vɔlxən]

controlar (vt)	controleren	[kɔntrɔ'lerən]
convidar (vt)	uitnodigen	['œɣtnɔdixən]
correr (vi)	rennen	['renən]
criar (vt)	creëren	[kre'jerən]
custar (vt)	kosten	['kɔstən]

11. Os verbos mais importantes. Parte 2

dar (vt)	geven	['xevən]
dar uma dica	een hint geven	[en hint 'xevən]
decorar (enfeitar)	versieren	[vər'sirən]
defender (vt)	verdedigen	[vər'dedixən]
deixar cair (vt)	laten vallen	['latən 'valən]

descer (para baixo)	afdalen	['afdalən]
desculpar (vt)	excuseren	[ɛkskʉ'zerən]
desculpar-se (vr)	zich verontschuldigen	[zih vərɔnt'sxʉldəxən]
dirigir (~ uma empresa)	beheren	[bə'herən]
discutir (notícias, etc.)	bespreken	[bə'sprekən]

disparar, atirar (vi)	schieten	['sxitən]
dizer (vt)	zeggen	['zexən]
duvidar (vt)	twijfelen	['twɛjfelən]
encontrar (achar)	vinden	['vindən]
enganar (vt)	bedriegen	[bə'drixən]

entender (vt)	begrijpen	[bə'xrɛjpən]
entrar (na sala, etc.)	binnengaan	['binənxãn]
enviar (uma carta)	sturen	['stʉrən]
errar (enganar-se)	zich vergissen	[zih vər'xisən]
escolher (vt)	kiezen	['kizən]

esconder (vt)	verbergen	[vər'bɛrxən]
escrever (vt)	schrijven	['sxrɛjvən]
esperar (aguardar)	wachten	['waxtən]
esperar (ter esperança)	hopen	['hɔpən]
esquecer (vt)	vergeten	[vər'xetən]

estudar (vt)	studeren	[stʉ'derən]
exigir (vt)	eisen	['ɛjsən]
existir (vi)	existeren	[ɛksis'tɛrən]
explicar (vt)	verklaren	[vər'klarən]
falar (vi)	spreken	['sprekən]

faltar (a la escuela, etc.)	verzuimen	[vər'zœymən]
fazer (vt)	doen	[dun]
ficar em silêncio	zwijgen	['zwɛjxən]
gabar-se (vr)	opscheppen	['ɔpsxepən]

gostar (apreciar)	bevallen	[bə'valən]
gritar (vi)	schreeuwen	['sxrēwən]
guardar (fotos, etc.)	bewaren	[bə'warən]
informar (vt)	informeren	[infɔr'merən]
insistir (vi)	aandringen	['āndriŋən]

insultar (vt)	beledigen	[bə'ledəxən]
interessar-se (vr)	zich interesseren voor ...	[zix interə'serən vōr]
ir (a pé)	gaan	[xān]
ir nadar	gaan zwemmen	[xān 'zwɛmən]
jantar (vi)	souperen	[su'perən]

12. Os verbos mais importantes. Parte 3

ler (vt)	lezen	['lezən]
libertar, liberar (vt)	bevrijden	[bə'vrɛjdən]
matar (vt)	doden	['dɔdən]
mencionar (vt)	vermelden	[vər'mɛldən]
mostrar (vt)	tonen	['tɔnən]

mudar (modificar)	veranderen	[və'randərən]
nadar (vi)	zwemmen	['zwɛmən]
negar-se a ... (vr)	weigeren	['wɛjxərən]
objetar (vt)	weerspreken	[wēr'sprekən]

observar (vt)	waarnemen	['wārnemən]
ordenar (mil.)	bevelen	[bə'velən]
ouvir (vt)	horen	['hɔrən]
pagar (vt)	betalen	[bə'talən]
parar (vi)	stoppen	['stɔpən]

parar, cessar (vt)	ophouden	['ɔphaudən]
participar (vi)	deelnemen	['dēlnemən]
pedir (comida, etc.)	bestellen	[bə'stɛlən]
pedir (um favor, etc.)	verzoeken	[vər'zukən]
pegar (tomar)	nemen	['nemən]

pegar (uma bola)	vangen	['vaŋən]
pensar (vi, vt)	denken	['dɛnkən]
perceber (ver)	opmerken	['ɔpmɛrkən]
perdoar (vt)	vergeven	[vər'xevən]
perguntar (vt)	vragen	['vraxən]

permitir (vt)	toestaan	['tustān]
pertencer a ... (vi)	toebehoren aan ...	['tubəhɔrən ān]
planejar (vt)	plannen	['planən]
poder (~ fazer algo)	kunnen	['kʉnən]
possuir (uma casa, etc.)	bezitten	[bə'zitən]
preferir (vt)	prefereren	[prəfe'rerən]

preparar (vt)	bereiden	[bə'rɛjdən]
prever (vt)	voorzien	[võr'zin]
prometer (vt)	beloven	[bə'lovən]
pronunciar (vt)	uitspreken	['œytsprekən]

propor (vt)	voorstellen	['võrstɛlən]
punir (castigar)	bestraffen	[bə'strafən]
quebrar (vt)	breken	['brekən]
queixar-se de ...	klagen	['klaxən]
querer (desejar)	willen	['wilən]

13. Os verbos mais importantes. Parte 4

ralhar, repreender (vt)	uitvaren tegen	['œytvarən 'texən]
recomendar (vt)	aanbevelen	['āmbəvelən]
repetir (dizer outra vez)	herhalen	[hɛr'halən]
reservar (~ um quarto)	reserveren	[rezɛr'verən]
responder (vt)	antwoorden	['antwõrdən]

rezar, orar (vi)	bidden	['bidən]
rir (vi)	lachen	['laxən]
roubar (vt)	stelen	['stelən]
saber (vt)	weten	['wetən]
sair (~ de casa)	uitgaan	['œytxān]

salvar (resgatar)	redden	['rɛdən]
seguir (~ alguém)	volgen	['vɔlxən]
sentar-se (vr)	gaan zitten	[xān 'zitən]
ser necessário	nodig zijn	['nɔdəx zɛjn]

ser, estar	zijn	[zɛjn]
significar (vt)	betekenen	[bə'tekənən]
sorrir (vi)	glimlachen	['xlimlahən]

| subestimar (vt) | onderschatten | ['ɔndər'sxatən] |
| surpreender-se (vr) | verbaasd zijn | [vər'bāst zɛjn] |

tentar (~ fazer)	proberen	[prɔ'berən]
ter (vt)	hebben	['hɛbən]
ter fome	honger hebben	['hɔŋər 'hɛbən]

ter medo	bang zijn	['baŋ zɛjn]
ter sede	dorst hebben	[dɔrst 'hɛbən]
tocar (com as mãos)	aanraken	['ānrakən]
tomar café da manhã	ontbijten	[ɔn'bɛjtən]

| trabalhar (vi) | werken | ['wɛrkən] |
| traduzir (vt) | vertalen | [vər'talən] |

unir (vt)	verenigen	[və'rɛnixən]
vender (vt)	verkopen	[vɛr'kopən]
ver (vt)	zien	[zin]
virar (~ para a direita)	afslaan	['afslān]
voar (vi)	vliegen	['vlixən]

14. Cores

cor (f)	kleur (de)	['klør]
tom (m)	tint (de)	[tint]
tonalidade (m)	kleurnuance (de)	['klør·nʉ'waŋsə]
arco-íris (m)	regenboog (de)	['rexən·bōx]
branco (adj)	wit	[wit]
preto (adj)	zwart	[zwart]
cinza (adj)	grijs	[xrɛjs]
verde (adj)	groen	[xrun]
amarelo (adj)	geel	[xēl]
vermelho (adj)	rood	[rōt]
azul (adj)	blauw	['blau]
azul claro (adj)	lichtblauw	['lixt·blau]
rosa (adj)	roze	['rɔzə]
laranja (adj)	oranje	[ɔ'ranjə]
violeta (adj)	violet	[viɔ'lɛt]
marrom (adj)	bruin	['brœyn]
dourado (adj)	goud	['xaut]
prateado (adj)	zilverkleurig	['zilvər·'klørəx]
bege (adj)	beige	['bɛːʒ]
creme (adj)	roomkleurig	['rōm·'klørix]
turquesa (adj)	turkoois	[tʉrk'was]
vermelho cereja (adj)	kersrood	['kɛrs·rōt]
lilás (adj)	lila	['lila]
carmim (adj)	karmijnrood	['karmɛjn·'rōt]
claro (adj)	licht	[lixt]
escuro (adj)	donker	['dɔnkər]
vivo (adj)	fel	[fel]
de cor	kleur-, kleurig	['klør], ['klørəx]
a cores	kleuren-	['klørən]
preto e branco (adj)	zwart-wit	[zwart-wit]
unicolor (de uma só cor)	eenkleurig	[ēn'klørəx]
multicolor (adj)	veelkleurig	[vēl'klørəx]

15. Questões

Quem?	Wie?	[wi]
O que?	Wat?	[wat]
Onde?	Waar?	[wār]
Para onde?	Waarheen?	[wār'hēn]
De onde?	Waarvandaan?	[ʋār·van'dān]
Quando?	Wanneer?	[wa'nēr]
Para quê?	Waarom?	[wār'ɔm]
Por quê?	Waarom?	[wār'ɔm]
Para quê?	Waarvoor dan ook?	[wār'vōr dan 'ōk]

Como?	Hoe?	[hu]
Qual (~ é o problema?)	Wat voor ...?	[wat vɔr]
Qual (~ deles?)	Welk?	[wɛlk]

A quem?	Aan wie?	[ān wi]
De quem?	Over wie?	['ɔvər wi]
Do quê?	Waarover?	[wār'ɔvər]
Com quem?	Met wie?	[mɛt 'wi]

Quanto, -os, -as?	Hoeveel?	[hu'vēl]
De quem? (masc.)	Van wie?	[van 'wi]

16. Preposições

com (prep.)	met	[mɛt]
sem (prep.)	zonder	['zɔndər]
a, para (exprime lugar)	naar	[nār]
sobre (ex. falar ~)	over	['ɔvər]
antes de ...	voor	[vōr]
em frente de ...	voor	[vōr]

debaixo de ...	onder	['ɔndər]
sobre (em cima de)	boven	['bɔvən]
em ..., sobre ...	op	[ɔp]
de, do (sou ~ Rio de Janeiro)	van	[van]
de (feito ~ pedra)	van	[van]

em (~ 3 dias)	over	['ɔvər]
por cima de ...	over	['ɔvər]

17. Palavras funcionais. Advérbios. Parte 1

Onde?	Waar?	[wār]
aqui	hier	[hir]
lá, ali	daar	[dār]

em algum lugar	ergens	['ɛrxəns]
em lugar nenhum	nergens	['nɛrxəns]

perto de ...	bij ...	[bɛj]
perto da janela	bij het raam	[bɛj het 'rām]

Para onde?	Waarheen?	[wār'hēn]
aqui	hierheen	[hir'hēn]
para lá	daarheen	[dār'hēn]
daqui	hiervandaan	[hirvan'dān]
de lá, dali	daarvandaan	[darvan'dān]

perto	dichtbij	[dix'bɛj]
longe	ver	[vɛr]
perto de ...	in de buurt	[in də būrt]
à mão, perto	dichtbij	[dix'bɛj]

não fica longe	niet ver	[nit vɛr]
esquerdo (adj)	linker	['linkər]
à esquerda	links	[links]
para a esquerda	linksaf, naar links	['linksaf], [nãr 'links]
direito (adj)	rechter	['rɛxtər]
à direita	rechts	[rɛxts]
para a direita	rechtsaf, naar rechts	['rɛxtsaf], [nãr 'rɛxts]
em frente	vooraan	[võ'rãn]
da frente	voorste	['võrstə]
adiante (para a frente)	vooruit	[võr'œʏt]
atrás de ...	achter	['axtər]
de trás	van achteren	[van 'axtərən]
para trás	achteruit	['axtərœʏt]
meio (m), metade (f)	midden (het)	['midən]
no meio	in het midden	[in ət 'midən]
do lado	opzij	[ɔp'sɛj]
em todo lugar	overal	[ɔvə'ral]
por todos os lados	omheen	[ɔm'hẽn]
de dentro	binnenuit	['binənœʏt]
para algum lugar	naar ergens	[nãr 'ɛrxəns]
diretamente	rechtdoor	[rɛx'dõr]
de volta	terug	[te'rʉx]
de algum lugar	ergens vandaan	['ɛrxəns van'dãn]
de algum lugar	ergens vandaan	['ɛrxəns van'dãn]
em primeiro lugar	ten eerste	[tən 'ẽrstə]
em segundo lugar	ten tweede	[tən 'twẽdə]
em terceiro lugar	ten derde	[tən 'dɛrdə]
de repente	plotseling	['plɔtseliŋ]
no início	in het begin	[in ət bə'xin]
pela primeira vez	voor de eerste keer	[võr də 'ẽrstə kẽr]
muito antes de ...	lang voor ...	[laŋ võr]
de novo	opnieuw	[ɔp'niu]
para sempre	voor eeuwig	[võr 'ẽwəx]
nunca	nooit	[nõjt]
de novo	weer	[wẽr]
agora	nu	[nʉ]
frequentemente	vaak	[vãk]
então	toen	[tun]
urgentemente	urgent	[jurxənt]
normalmente	meestal	['mẽstal]
a propósito, ...	trouwens, ...	['trauwəns]
é possível	mogelijk	['mɔxələk]
provavelmente	waarschijnlijk	[wãr'sxɛjnlək]
talvez	misschien	[mis'xin]
além disso, ...	trouwens	['trauwəns]

por isso ...	daarom ...	[dā'rɔm]
apesar de ...	in weerwil van ...	[in 'wērwil van]
graças a ...	dankzij ...	[dank'zɛj]

que (pron.)	wat	[wat]
que (conj.)	dat	[dat]
algo	iets	[its]
alguma coisa	iets	[its]
nada	niets	[nits]

quem	wie	[wi]
alguém (~ que ...)	iemand	['imant]
alguém (com ~)	iemand	['imant]

ninguém	niemand	['nimant]
para lugar nenhum	nergens	['nɛrxəns]
de ninguém	niemands	['nimants]
de alguém	iemands	['imants]

tão	zo	[zɔ]
também (gostaria ~ de ...)	ook	[ōk]
também (~ eu)	alsook	[al'sōk]

18. Palavras funcionais. Advérbios. Parte 2

Por quê?	Waarom?	[wār'ɔm]
por alguma razão	om een bepaalde reden	[ɔm en be'pālde 'redən]
porque ...	omdat ...	[ɔm'dat]
por qualquer razão	voor een bepaald doel	[vōr en be'pālt dul]

e (tu ~ eu)	en	[en]
ou (ser ~ não ser)	of	[ɔf]
mas (porém)	maar	[mār]
para (~ a minha mãe)	voor	[vōr]

muito, demais	te	[te]
só, somente	alleen	[a'lēn]
exatamente	precies	[prə'sis]
cerca de (~ 10 kg)	ongeveer	[ɔnxə'vēr]

aproximadamente	ongeveer	[ɔnxə'vēr]
aproximado (adj)	bij benadering	[bɛj bə'nadəriŋ]
quase	bijna	['bɛjna]
resto (m)	rest (de)	[rɛst]

o outro (segundo)	de andere	[də 'andərə]
outro (adj)	ander	['andər]
cada (adj)	elk	[ɛlk]
qualquer (adj)	om het even welk	[ɔm ət ɛvən wɛlk]
muito, muitos, muitas	veel	[vēl]
muitas pessoas	veel mensen	[vēl 'mɛnsən]
todos	iedereen	[idə'rēn]
em troca de ...	in ruil voor ...	[in 'rœyl vōr]
em troca	in ruil	[in 'rœyl]

| à mão | met de hand | [mɛt də 'hant] |
| pouco provável | onwaarschijnlijk | [ɔnwār'sxɛjnlək] |

provavelmente	waarschijnlijk	[wār'sxɛjnlək]
de propósito	met opzet	[mɛt 'ɔpzət]
por acidente	toevallig	[tu'valəx]

muito	zeer	[zēr]
por exemplo	bijvoorbeeld	[bɛj'vōrbēlt]
entre	tussen	['tʉsən]
entre (no meio de)	tussen	['tʉsən]
tanto	zoveel	[zɔ'vēl]
especialmente	vooral	[vō'ral]

Conceitos básicos. Parte 2

19. Dias da semana

segunda-feira (f)	maandag (de)	['mãndax]
terça-feira (f)	dinsdag (de)	['dinsdax]
quarta-feira (f)	woensdag (de)	['wunsdax]
quinta-feira (f)	donderdag (de)	['dɔndərdax]
sexta-feira (f)	vrijdag (de)	['vrɛjdax]
sábado (m)	zaterdag (de)	['zatərdax]
domingo (m)	zondag (de)	['zɔndax]
hoje	vandaag	[van'dãg]
amanhã	morgen	['mɔrxən]
depois de amanhã	overmorgen	[ɔvər'mɔrxən]
ontem	gisteren	['xistərən]
anteontem	eergisteren	[ēr'xistərən]
dia (m)	dag (de)	[dax]
dia (m) de trabalho	werkdag (de)	['wɛrk·dax]
feriado (m)	feestdag (de)	['fēst·dax]
dia (m) de folga	verlofdag (de)	[vər'lɔfdax]
fim (m) de semana	weekend (het)	['wikənt]
o dia todo	de hele dag	[də 'helə dah]
no dia seguinte	de volgende dag	[də 'vɔlxəndə dax]
há dois dias	twee dagen geleden	[twē 'daxən xə'ledən]
na véspera	aan de vooravond	[ãn də võ'ravɔnt]
diário (adj)	dag-, dagelijks	[dax], ['daxələks]
todos os dias	elke dag	['ɛlkə dax]
semana (f)	week (de)	[wēk]
na semana passada	vorige week	['vɔrixə wēk]
semana que vem	volgende week	['vɔlxəndə wēk]
semanal (adj)	wekelijks	['wekələks]
toda semana	elke week	['ɛlkə wēk]
duas vezes por semana	twee keer per week	[twē ker pər vēk]
toda terça-feira	elke dinsdag	['ɛlkə 'dinsdax]

20. Horas. Dia e noite

manhã (f)	morgen (de)	['mɔrxən]
de manhã	's morgens	[s 'mɔrxəns]
meio-dia (m)	middag (de)	['midax]
à tarde	's middags	[s 'midax]
tardinha (f)	avond (de)	['avɔnt]
à tardinha	's avonds	[s 'avɔnts]

noite (f)	nacht (de)	[naxt]
à noite	's nachts	[s naxts]
meia-noite (f)	middernacht (de)	['midər·naxt]

segundo (m)	seconde (de)	[se'kɔndə]
minuto (m)	minuut (de)	[mi'nũt]
hora (f)	uur (het)	[ũr]
meia hora (f)	halfuur (het)	[half 'ũr]
quarto (m) de hora	kwartier (het)	['kwar'tir]
quinze minutos	vijftien minuten	['vɛjftin mi'nʉtən]
vinte e quatro horas	etmaal (het)	['ɛtmãl]

nascer (m) do sol	zonsopgang (de)	[zɔns'ɔpxaŋ]
amanhecer (m)	dageraad (de)	['daxərãt]
madrugada (f)	vroege morgen (de)	['vruxə 'mɔrxən]
pôr-do-sol (m)	zonsondergang (de)	[zɔns'ɔndərxaŋ]

de madrugada	's morgens vroeg	[s 'mɔrxəns vrux]
esta manhã	vanmorgen	[van'mɔrxən]
amanhã de manhã	morgenochtend	['mɔrxən·'ɔhtənt]

esta tarde	vanmiddag	[van'midax]
à tarde	's middags	[s 'midax]
amanhã à tarde	morgenmiddag	['mɔrxən·'midax]

esta noite, hoje à noite	vanavond	[va'navɔnt]
amanhã à noite	morgenavond	['mɔrxən·'avɔnt]

às três horas em ponto	klokslag drie uur	['klokslax dri ũr]
por volta das quatro	ongeveer vier uur	[ɔnxe'vẽr vir ũr]
às doze	tegen twaalf uur	['texən twãlf ũr]

em vinte minutos	over twintig minuten	['ɔvər 'twintix mi'nʉtən]
em uma hora	over een uur	['ɔvər en ũr]
a tempo	op tijd	[ɔp tɛjt]

... um quarto para	kwart voor ...	['kwart võr]
dentro de uma hora	binnen een uur	['binən en ũr]
a cada quinze minutos	elk kwartier	['ɛlk kwar'tir]
as vinte e quatro horas	de klok rond	[də klok rɔnt]

21. Meses. Estações

janeiro (m)	januari (de)	[janʉ'ari]
fevereiro (m)	februari (de)	[febrʉ'ari]
março (m)	maart (de)	[mãrt]
abril (m)	april (de)	[ap'ril]
maio (m)	mei (de)	[mɛj]
junho (m)	juni (de)	['juni]

julho (m)	juli (de)	['juli]
agosto (m)	augustus (de)	[au'xʉstʉs]
setembro (m)	september (de)	[sɛp'tɛmbər]
outubro (m)	oktober (de)	[ɔk'tɔbər]

novembro (m)	**november (de)**	[nɔ'vɛmbər]
dezembro (m)	**december (de)**	[de'sɛmbər]
primavera (f)	**lente (de)**	['lɛntə]
na primavera	**in de lente**	[in də 'lɛntə]
primaveril (adj)	**lente-**	['lɛntə]
verão (m)	**zomer (de)**	['zɔmər]
no verão	**in de zomer**	[in də 'zɔmər]
de verão	**zomer-, zomers**	['zɔmər], ['zɔmərs]
outono (m)	**herfst (de)**	[hɛrfst]
no outono	**in de herfst**	[in də hɛrfst]
outonal (adj)	**herfst-**	[hɛrfst]
inverno (m)	**winter (de)**	['wintər]
no inverno	**in de winter**	[in də 'wintər]
de inverno	**winter-**	['wintər]
mês (m)	**maand (de)**	[mānt]
este mês	**deze maand**	['dezə mānt]
mês que vem	**volgende maand**	['vɔlxəndə mānt]
no mês passado	**vorige maand**	['vɔrixə mānt]
um mês atrás	**een maand geleden**	[en mānt xə'ledən]
em um mês	**over een maand**	['ɔvər en mānt]
em dois meses	**over twee maanden**	['ɔvər twē 'māndən]
todo o mês	**de hele maand**	[də 'helə mānt]
um mês inteiro	**een volle maand**	[en 'vɔlə mānt]
mensal (adj)	**maand-, maandelijks**	[mānt], ['māndələks]
mensalmente	**maandelijks**	['māndələks]
todo mês	**elke maand**	['ɛlkə mānt]
duas vezes por mês	**twee keer per maand**	[twē ker pər mānt]
ano (m)	**jaar (het)**	[jār]
este ano	**dit jaar**	[dit jār]
ano que vem	**volgend jaar**	['vɔlxənt jār]
no ano passado	**vorig jaar**	['vɔrəx jār]
há um ano	**een jaar geleden**	[en jār xə'ledən]
em um ano	**over een jaar**	['ɔvər en jār]
dentro de dois anos	**over twee jaar**	['ɔvər twē jār]
todo o ano	**het hele jaar**	[ət 'helə jār]
um ano inteiro	**een vol jaar**	[en vɔl jār]
cada ano	**elk jaar**	[ɛlk jār]
anual (adj)	**jaar-, jaarlijks**	[jār], ['jārləks]
anualmente	**jaarlijks**	['jārləks]
quatro vezes por ano	**4 keer per jaar**	[vir kēr per 'jār]
data (~ de hoje)	**datum (de)**	['datʉm]
data (ex. ~ de nascimento)	**datum (de)**	['datʉm]
calendário (m)	**kalender (de)**	[ka'lɛndər]
meio ano	**een half jaar**	[en half jār]
seis meses	**zes maanden**	[zɛs 'māndən]

| estação (f) | seizoen (het) | [sɛj'zun] |
| século (m) | eeuw (de) | [ēw] |

22. Unidades de medida

peso (m)	gewicht (het)	[xə'wixt]
comprimento (m)	lengte (de)	['lɛntə]
largura (f)	breedte (de)	['brētə]
altura (f)	hoogte (de)	['hōxtə]
profundidade (f)	diepte (de)	['diptə]
volume (m)	volume (het)	[vɔ'lʉmə]
área (f)	oppervlakte (de)	['ɔpərvlaktə]

grama (m)	gram (het)	[xram]
miligrama (m)	milligram (het)	['milixram]
quilograma (m)	kilogram (het)	[kilɔxram]
tonelada (f)	ton (de)	[tɔn]
libra (453,6 gramas)	pond (het)	[pɔnt]
onça (f)	ons (het)	[ɔns]

metro (m)	meter (de)	['metər]
milímetro (m)	millimeter (de)	['milimetər]
centímetro (m)	centimeter (de)	['sɛnti'metər]
quilômetro (m)	kilometer (de)	[kilɔmetər]
milha (f)	mijl (de)	[mɛjl]

polegada (f)	duim (de)	['dœʏm]
pé (304,74 mm)	voet (de)	[vut]
jarda (914,383 mm)	yard (de)	[jart]

| metro (m) quadrado | vierkante meter (de) | ['virkantə 'metər] |
| hectare (m) | hectare (de) | [hɛk'tarə] |

litro (m)	liter (de)	['litər]
grau (m)	graad (de)	[xrāt]
volt (m)	volt (de)	[vɔlt]
ampère (m)	ampère (de)	[am'pɛrə]
cavalo (m) de potência	paardenkracht (de)	['pārdən·kraxt]

quantidade (f)	hoeveelheid (de)	[hu'vēlhɛjt]
um pouco de ...	een beetje ...	[en 'bētʃə]
metade (f)	helft (de)	[hɛlft]

| dúzia (f) | dozijn (het) | [dɔ'zɛjn] |
| peça (f) | stuk (het) | [stʉk] |

| tamanho (m), dimensão (f) | afmeting (de) | ['afmetiŋ] |
| escala (f) | schaal (de) | [sxāl] |

mínimo (adj)	minimaal	[mini'māl]
menor, mais pequeno	minste	['minstə]
médio (adj)	medium	['medijum]
máximo (adj)	maximaal	[maksi'māl]
maior, mais grande	grootste	['xrōtstə]

23. Recipientes

pote (m) de vidro	glazen pot (de)	['xlazən pɔt]
lata (~ de cerveja)	blik (het)	[blik]
balde (m)	emmer (de)	['ɛmər]
barril (m)	ton (de)	[tɔn]

bacia (~ de plástico)	ronde waterbak (de)	['watər·bak]
tanque (m)	tank (de)	[tank]
cantil (m) de bolso	heupfles (de)	['høp·flɛs]
galão (m) de gasolina	jerrycan (de)	['dʒɛrikən]
cisterna (f)	tank (de)	[tank]

caneca (f)	beker (de)	['bekər]
xícara (f)	kopje (het)	['kɔpjə]
pires (m)	schoteltje (het)	['sxɔteltʃə]
copo (m)	glas (het)	[xlas]
taça (f) de vinho	wijnglas (het)	['wɛjn·xlas]
panela (f)	pan (de)	[pan]

garrafa (f)	fles (de)	[fles]
gargalo (m)	flessenhals (de)	['flesən·hals]

jarra (f)	karaf (de)	[ka'raf]
jarro (m)	kruik (de)	['krœʏk]
recipiente (m)	vat (het)	[vat]
pote (m)	pot (de)	[pɔt]
vaso (m)	vaas (de)	[vãs]

frasco (~ de perfume)	flacon (de)	[fla'kɔn]
frasquinho (m)	flesje (het)	['fleçə]
tubo (m)	tube (de)	['tʉbə]

saco (ex. ~ de açúcar)	zak (de)	[zak]
sacola (~ plastica)	tasje (het)	['taçə]
maço (de cigarros, etc.)	pakje (het)	['pakjə]

caixa (~ de sapatos, etc.)	doos (de)	[dõs]
caixote (~ de madeira)	kist (de)	[kist]
cesto (m)	mand (de)	[mant]

O SER HUMANO

O ser humano. O corpo

24. Cabeça

cabeça (f)	hoofd (het)	[hõft]
rosto, cara (f)	gezicht (het)	[xə'ziht]
nariz (m)	neus (de)	['nøs]
boca (f)	mond (de)	[mɔnt]
olho (m)	oog (het)	[õx]
olhos (m pl)	ogen	['ɔxən]
pupila (f)	pupil (de)	[pʉ'pil]
sobrancelha (f)	wenkbrauw (de)	['wɛnk·brau]
cílio (f)	wimper (de)	['wimpər]
pálpebra (f)	ooglid (het)	['õx·lit]
língua (f)	tong (de)	[tɔŋ]
dente (m)	tand (de)	[tant]
lábios (m pl)	lippen	['lipən]
maçãs (f pl) do rosto	jukbeenderen	[juk'·bēndərən]
gengiva (f)	tandvlees (het)	['tand·vlēs]
palato (m)	gehemelte (het)	[xə'heməltə]
narinas (f pl)	neusgaten	['nøsxatən]
queixo (m)	kin (de)	[kin]
mandíbula (f)	kaak (de)	[kāk]
bochecha (f)	wang (de)	[waŋ]
testa (f)	voorhoofd (het)	['võrhõft]
têmpora (f)	slaap (de)	[slāp]
orelha (f)	oor (het)	[õr]
costas (f pl) da cabeça	achterhoofd (het)	['axtər·hõft]
pescoço (m)	hals (de)	[hals]
garganta (f)	keel (de)	[kēl]
cabelo (m)	haren	['harən]
penteado (m)	kapsel (het)	['kapsəl]
corte (m) de cabelo	haarsnit (de)	['hārsnit]
peruca (f)	pruik (de)	['prœʏk]
bigode (m)	snor (de)	[snɔr]
barba (f)	baard (de)	[bārt]
ter (~ barba, etc.)	dragen	['draxən]
trança (f)	vlecht (de)	[vlɛxt]
suíças (f pl)	bakkebaarden	[bakə'bārtən]
ruivo (adj)	ros	[rɔs]
grisalho (adj)	grijs	[xrɛjs]

careca (adj)	**kaal**	[kāl]
calva (f)	**kale plek (de)**	['kalə plɛk]

rabo-de-cavalo (m)	**paardenstaart (de)**	['pārdən·stārt]
franja (f)	**pony (de)**	['pɔni]

25. Corpo humano

mão (f)	**hand (de)**	[hant]
braço (m)	**arm (de)**	[arm]

dedo (m)	**vinger (de)**	['viŋər]
dedo (m) do pé	**teen (de)**	[tēn]
polegar (m)	**duim (de)**	['dœʏm]
dedo (m) mindinho	**pink (de)**	[pink]
unha (f)	**nagel (de)**	['naxəl]

punho (m)	**vuist (de)**	['vœʏst]
palma (f)	**handpalm (de)**	['hantpalm]
pulso (m)	**pols (de)**	[pɔls]
antebraço (m)	**voorarm (de)**	['võrarm]
cotovelo (m)	**elleboog (de)**	['ɛləbõx]
ombro (m)	**schouder (de)**	['sxaudər]

perna (f)	**been (het)**	[bēn]
pé (m)	**voet (de)**	[vut]
joelho (m)	**knie (de)**	[kni]
panturrilha (f)	**kuit (de)**	['kœʏt]
quadril (m)	**heup (de)**	['høp]
calcanhar (m)	**hiel (de)**	[hil]

corpo (m)	**lichaam (het)**	['lixām]
barriga (f), ventre (m)	**buik (de)**	['bœʏk]
peito (m)	**borst (de)**	[bɔrst]
seio (m)	**borst (de)**	[bɔrst]
lado (m)	**zijde (de)**	['zɛjdə]
costas (dorso)	**rug (de)**	[rɤx]
região (f) lombar	**lage rug (de)**	[laxə rɤx]
cintura (f)	**taille (de)**	['tajə]

umbigo (m)	**navel (de)**	['navəl]
nádegas (f pl)	**billen**	['bilən]
traseiro (m)	**achterwerk (het)**	['axtərwɛrk]

sinal (m), pinta (f)	**huidvlek (de)**	['hœʏt·vlɛk]
sinal (m) de nascença	**moedervlek (de)**	['mudər·vlɛk]
tatuagem (f)	**tatoeage (de)**	[tatu'aʒə]
cicatriz (f)	**litteken (het)**	['litekən]

Vestuário & Acessórios

26. Roupa exterior. Casacos

roupa (f)	kleren (mv.)	['klerən]
roupa (f) exterior	bovenkleding (de)	['bovən·'kledin]
roupa (f) de inverno	winterkleding (de)	['wintər·'kledin]
sobretudo (m)	jas (de)	[jas]
casaco (m) de pele	bontjas (de)	[bont jas]
jaqueta (f) de pele	bontjasje (het)	[bont 'jaɕə]
casaco (m) acolchoado	donzen jas (de)	['dɔnzən jas]
casaco (m), jaqueta (f)	jasje (het)	['jaɕə]
impermeável (m)	regenjas (de)	['rexən jas]
a prova d'água	waterdicht	['watərdixt]

27. Vestuário de homem & mulher

camisa (f)	overhemd (het)	['ɔvərhɛmt]
calça (f)	broek (de)	[bruk]
jeans (m)	jeans (de)	[dʒins]
paletó, terno (m)	colbert (de)	['kɔlbər]
terno (m)	kostuum (het)	[kɔs'tūm]
vestido (ex. ~ de noiva)	jurk (de)	[jurk]
saia (f)	rok (de)	[rɔk]
blusa (f)	blouse (de)	['blus]
casaco (m) de malha	wollen vest (de)	['wolən vɛst]
casaco, blazer (m)	blazer (de)	['blezər]
camiseta (f)	T-shirt (het)	['tiʃøt]
short (m)	shorts	[ʃɔrts]
training (m)	trainingspak (het)	['trɛjnins·pak]
roupão (m) de banho	badjas (de)	['batjas]
pijama (m)	pyjama (de)	[pi'jama]
suéter (m)	sweater (de)	['swetər]
pulôver (m)	pullover (de)	[pʉ'lovər]
colete (m)	gilet (het)	[ʒi'lɛt]
fraque (m)	rokkostuum (het)	[rɔk·kɔs'tūm]
smoking (m)	smoking (de)	['smɔkin]
uniforme (m)	uniform (het)	['junifɔrm]
roupa (f) de trabalho	werkkleding (de)	['wɛrk·'kledin]
macacão (m)	overall (de)	[ɔvə'ral]
jaleco (m), bata (f)	doktersjas (de)	['dɔktərs jas]

28. Vestuário. Roupa interior

roupa (f) íntima	ondergoed (het)	['ɔndərxut]
cueca boxer (f)	herenslip (de)	['herən·slip]
calcinha (f)	slipjes	['slipjes]
camiseta (f)	onderhemd (het)	['ɔndərhɛmt]
meias (f pl)	sokken	['sɔkən]
camisola (f)	nachthemd (het)	['naxthɛmt]
sutiã (m)	beha (de)	[be'ha]
meias longas (f pl)	kniekousen	[kni·'kausən]
meias-calças (f pl)	panty (de)	['pɛnti]
meias (~ de nylon)	nylonkousen	['nɛjlɔn·'kausən]
maiô (m)	badpak (het)	['bad·pak]

29. Adereços de cabeça

chapéu (m), touca (f)	hoed (de)	[hut]
chapéu (m) de feltro	deukhoed (de)	['døkhut]
boné (m) de beisebol	honkbalpet (de)	['hɔnkbal·'pɛt]
boina (~ italiana)	kleppet (de)	['klɛpɛt]
boina (ex. ~ basca)	baret (de)	[ba'rɛt]
capuz (m)	kap (de)	[kap]
chapéu panamá (m)	panamahoed (de)	[pa'nama·hut]
touca (f)	gebreide muts (de)	[xəb'rɛjdə muts]
lenço (m)	hoofddoek (de)	['hõftduk]
chapéu (m) feminino	dameshoed (de)	['daməs·hut]
capacete (m) de proteção	veiligheidshelm (de)	['vɛjləxhɛjts·hɛlm]
bibico (m)	veldmuts (de)	['vɛlt·muts]
capacete (m)	helm, valhelm (de)	[hɛlm], ['valhɛlm]
chapéu-coco (m)	bolhoed (de)	['bɔlhut]
cartola (f)	hoge hoed (de)	['hɔxə hut]

30. Calçado

calçado (m)	schoeisel (het)	['sxuisəl]
botinas (f pl), sapatos (m pl)	schoenen	['sxunən]
sapatos (de salto alto, etc.)	vrouwenschoenen	['vrauwən·'sxunən]
botas (f pl)	laarzen	['lãrzən]
pantufas (f pl)	pantoffels	[pan'tɔfəls]
tênis (~ Nike, etc.)	sportschoenen	['spɔrt·'sxunən]
tênis (~ Converse)	sneakers	['snikərs]
sandálias (f pl)	sandalen	[san'dalən]
sapateiro (m)	schoenlapper (de)	['sxun·'lapər]
salto (m)	hiel (de)	[hil]

par (m)	paar (het)	[pãr]
cadarço (m)	veter (de)	['vetər]
amarrar os cadarços	rijgen	['rɛjxən]
calçadeira (f)	schoenlepel (de)	['sxun·'lepəl]
graxa (f) para calçado	schoensmeer (de/het)	['sxun·smēr]

31. Acessórios pessoais

luva (f)	handschoenen	['xand 'sxunən]
mitenes (f pl)	wanten	['wantən]
cachecol (m)	sjaal (de)	[çāl]

óculos (m pl)	bril (de)	[bril]
armação (f)	brilmontuur (het)	[bril·mɔn'tūr]
guarda-chuva (m)	paraplu (de)	[parap'lʉ]
bengala (f)	wandelstok (de)	['wandəl·stɔk]
escova (f) para o cabelo	haarborstel (de)	[hār·'bɔrstəl]
leque (m)	waaier (de)	['wãjər]

gravata (f)	das (de)	[das]
gravata-borboleta (f)	strikje (het)	['strikjə]
suspensórios (m pl)	bretels	[brə'tɛls]
lenço (m)	zakdoek (de)	['zagduk]

pente (m)	kam (de)	[kam]
fivela (f) para cabelo	haarspeldje (het)	[hār·'spɛldjə]
grampo (m)	schuifspeldje (het)	['sxœyf·'spɛldjə]
fivela (f)	gesp (de)	[xɛsp]

cinto (m)	broekriem (de)	['bruk·rim]
alça (f) de ombro	draagriem (de)	['drāx·rim]

bolsa (f)	handtas (de)	['hand·tas]
bolsa (feminina)	damestas (de)	['daməs·tas]
mochila (f)	rugzak (de)	['rʉxzak]

32. Vestuário. Diversos

moda (f)	mode (de)	['mɔdə]
na moda (adj)	de mode	[də 'mɔdə]
estilista (m)	kledingstilist (de)	['klediŋ·sti'list]

colarinho (m)	kraag (de)	[krãx]
bolso (m)	zak (de)	[zak]
de bolso	zak-	[zak]
manga (f)	mouw (de)	['mau]
ganchinho (m)	lusje (het)	['lʉçə]
bragueta (f)	gulp (de)	[xjulp]

zíper (m)	rits (de)	[rits]
colchete (m)	sluiting (de)	['slœytiŋ]
botão (m)	knoop (de)	[knōp]

| botoeira (casa de botão) | knoopsgat (het) | ['knõps·xat] |
| soltar-se (vr) | losraken | [lɔs'rakən] |

costurar (vi)	naaien	['nājən]
bordar (vt)	borduren	[bɔr'dʉrən]
bordado (m)	borduursel (het)	[bɔr'dʉrsəl]
agulha (f)	naald (de)	[nãlt]
fio, linha (f)	draad (de)	[drãt]
costura (f)	naad (de)	[nãt]

sujar-se (vr)	vies worden	[vis 'wɔrdən]
mancha (f)	vlek (de)	[vlɛk]
amarrotar-se (vr)	gekreukt raken	[xə'krøkt 'rakən]
rasgar (vt)	scheuren	['sxørən]
traça (f)	mot (de)	[mɔt]

33. Cuidados pessoais. Cosméticos

pasta (f) de dente	tandpasta (de)	['tand·pasta]
escova (f) de dente	tandenborstel (de)	['tandən·'bɔrstəl]
escovar os dentes	tanden poetsen	['tandən 'putsən]

gilete (f)	scheermes (het)	['sxēr·mɛs]
creme (m) de barbear	scheerschuim (het)	[sxēr·sxœym]
barbear-se (vr)	zich scheren	[zix 'sxerən]

| sabonete (m) | zeep (de) | [zēp] |
| xampu (m) | shampoo (de) | ['ʃʌmpõ] |

tesoura (f)	schaar (de)	[sxãr]
lixa (f) de unhas	nagelvijl (de)	['naxəl·vɛjl]
corta-unhas (m)	nagelknipper (de)	['naxəl·'knipər]
pinça (f)	pincet (het)	[pin'sɛt]

cosméticos (m pl)	cosmetica (mv.)	[kɔs'metika]
máscara (f)	masker (het)	['maskər]
manicure (f)	manicure (de)	[mani'kʉrə]
fazer as unhas	manicure doen	[mani'kʉrə dun]
pedicure (f)	pedicure (de)	[pedi'kʉrə]

bolsa (f) de maquiagem	cosmetica tasje (het)	[kɔs'metika 'taɕə]
pó (de arroz)	poeder (de/het)	['pudər]
pó (m) compacto	poederdoos (de)	['pudər·dõs]
blush (m)	rouge (de)	['ruʒə]

perfume (m)	parfum (de/het)	[par'fʉm]
água-de-colônia (f)	eau de toilet (de)	[ɔ də tua'lɛt]
loção (f)	lotion (de)	[lɔt'ʃɔn]
colônia (f)	eau de cologne (de)	[ɔ də ko'lɔnjə]

sombra (f) de olhos	oogschaduw (de)	['õx·sxadʉw]
delineador (m)	oogpotlood (het)	['õx·'pɔtlod]
máscara (f), rímel (m)	mascara (de)	[mas'kara]
batom (m)	lippenstift (de)	['lipən·stift]

esmalte (m)	nagellak (de)	['naxǝl·lak]
laquê (m), spray fixador (m)	haarlak (de)	['hār·lak]
desodorante (m)	deodorant (de)	[deɔdɔ'rant]
creme (m)	crème (de)	[krɛ:m]
creme (m) de rosto	gezichtscrème (de)	[xǝ'zihts·krɛ:m]
creme (m) de mãos	handcrème (de)	[hant·krɛ:m]
creme (m) antirrugas	antirimpelcrème (de)	[anti'rimpǝl·krɛ:m]
creme (m) de dia	dagcrème (de)	['dax·krɛ:m]
creme (m) de noite	nachtcrème (de)	['naxt·krɛ:m]
de dia	dag-	[dax]
da noite	nacht-	[naxt]
absorvente (m) interno	tampon (de)	[tam'pɔn]
papel (m) higiênico	toiletpapier (het)	[tua'lɛt·pa'pir]
secador (m) de cabelo	föhn (de)	['føn]

34. Relógios de pulso. Relógios

relógio (m) de pulso	polshorloge (het)	['pɔls·hɔr'lɔʒǝ]
mostrador (m)	wijzerplaat (de)	['wɛjzǝr·plāt]
ponteiro (m)	wijzer (de)	['wɛjzǝr]
bracelete (em aço)	metalen horlogeband (de)	[me'talǝn hɔr'lɔʒǝ·bant]
bracelete (em couro)	horlogebandje (het)	[hɔr'lɔʒǝ·'bandjǝ]
pilha (f)	batterij (de)	[batǝ'rɛj]
acabar (vi)	leeg zijn	[lēx zɛjn]
trocar a pilha	batterij vervangen	[batǝ'rɛj vǝr'vaŋǝn]
estar adiantado	voorlopen	['vōrlopǝn]
estar atrasado	achterlopen	['axtǝrlopǝn]
relógio (m) de parede	wandklok (de)	['want·klɔk]
ampulheta (f)	zandloper (de)	['zant·lopǝr]
relógio (m) de sol	zonnewijzer (de)	['zɔnǝ·wɛjzǝr]
despertador (m)	wekker (de)	['wɛkǝr]
relojoeiro (m)	horlogemaker (de)	[hɔr'lɔʒǝ·'makǝr]
reparar (vt)	repareren	[repa'rerǝn]

Alimentação. Nutrição

35. Comida

carne (f)	vlees (het)	[vlēs]
galinha (f)	kip (de)	[kip]
frango (m)	kuiken (het)	['kœʏkən]
pato (m)	eend (de)	[ēnt]
ganso (m)	gans (de)	[xans]
caça (f)	wild (het)	[wilt]
peru (m)	kalkoen (de)	[kal'kun]
carne (f) de porco	varkensvlees (het)	['varkəns·vlēs]
carne (f) de vitela	kalfsvlees (het)	['kalfs·vlēs]
carne (f) de carneiro	schapenvlees (het)	['sxapən·vlēs]
carne (f) de vaca	rundvlees (het)	['rʉnt·vlēs]
carne (f) de coelho	konijnenvlees (het)	[kɔ'nɛjnən·vlēs]
linguiça (f), salsichão (m)	worst (de)	[wɔrst]
salsicha (f)	saucijs (de)	['sɔsɛjs]
bacon (m)	spek (het)	[spɛk]
presunto (m)	ham (de)	[ham]
pernil (m) de porco	gerookte achterham (de)	[xə'rōktə 'ahtərham]
patê (m)	paté (de)	[pa'tɛ]
fígado (m)	lever (de)	['levər]
guisado (m)	gehakt (het)	[xə'hakt]
língua (f)	tong (de)	[tɔŋ]
ovo (m)	ei (het)	[ɛj]
ovos (m pl)	eieren	['ɛjerən]
clara (f) de ovo	eiwit (het)	['ɛjwit]
gema (f) de ovo	eigeel (het)	['ɛjxēl]
peixe (m)	vis (de)	[vis]
mariscos (m pl)	zeevruchten	[zē·'vrʉxtən]
crustáceos (m pl)	schaaldieren	['sxal·dīrən]
caviar (m)	kaviaar (de)	[ka'vjār]
caranguejo (m)	krab (de)	[krab]
camarão (m)	garnaal (de)	[xar'nāl]
ostra (f)	oester (de)	['ustər]
lagosta (f)	langoest (de)	[lan'xust]
polvo (m)	octopus (de)	['ɔktɔpʉs]
lula (f)	inktvis (de)	['inktvis]
esturjão (m)	steur (de)	['stør]
salmão (m)	zalm (de)	[zalm]
halibute (m)	heilbot (de)	['hɛjlbot]
bacalhau (m)	kabeljauw (de)	[kabə'ljau]

cavala, sarda (f)	makreel (de)	[ma'krɛl]
atum (m)	tonijn (de)	[tɔ'nɛjn]
enguia (f)	paling (de)	[pa'liŋ]

truta (f)	forel (de)	[fɔ'rɛl]
sardinha (f)	sardine (de)	[sar'dinə]
lúcio (m)	snoek (de)	[snuk]
arenque (m)	haring (de)	['hariŋ]

pão (m)	brood (het)	[brõt]
queijo (m)	kaas (de)	[kãs]
açúcar (m)	suiker (de)	[sœʏkər]
sal (m)	zout (het)	['zaut]

arroz (m)	rijst (de)	[rɛjst]
massas (f pl)	pasta (de)	['pasta]
talharim, miojo (m)	noedels	['nudɛls]

manteiga (f)	boter (de)	['botər]
óleo (m) vegetal	plantaardige olie (de)	[plant'ãrdixə 'ɔli]
óleo (m) de girassol	zonnebloemolie (de)	['zɔnəblum·'ɔli]
margarina (f)	margarine (de)	[marxa'rinə]

| azeitonas (f pl) | olijven | [ɔ'lɛjvən] |
| azeite (m) | olijfolie (de) | [ɔ'lɛjf·'ɔli] |

leite (m)	melk (de)	[mɛlk]
leite (m) condensado	gecondenseerde melk (de)	[xəkɔnsən'sẽrdə mɛlk]
iogurte (m)	yoghurt (de)	['jogʉrt]
creme (m) azedo	zure room (de)	['zʉrə rõm]
creme (m) de leite	room (de)	[rõm]

| maionese (f) | mayonaise (de) | [majo'nɛzə] |
| creme (m) | crème (de) | [krɛ:m] |

grãos (m pl) de cereais	graan (het)	[xrãn]
farinha (f)	meel (het), bloem (de)	[mẽl], [blum]
enlatados (m pl)	conserven	[kɔn'sɛrvən]

flocos (m pl) de milho	maïsvlokken	[majs·'vlɔkən]
mel (m)	honing (de)	['honiŋ]
geleia (m)	jam (de)	[ʃɛm]
chiclete (m)	kauwgom (de)	['kauxɔm]

36. Bebidas

água (f)	water (het)	['watər]
água (f) potável	drinkwater (het)	['drink·'watər]
água (f) mineral	mineraalwater (het)	[minə'rãl·'watər]

sem gás (adj)	zonder gas	['zɔndər xas]
gaseificada (adj)	koolzuurhoudend	[kõlzūr·'haudənt]
com gás	bruisend	['brœʏsənt]
gelo (m)	ijs (het)	[ɛjs]

com gelo	met ijs	[mɛt ɛjs]
não alcoólico (adj)	alcohol vrij	['alkɔhɔl vrɛj]
refrigerante (m)	alcohol vrije drank (de)	['alkɔhɔl 'vrɛjə drank]
refresco (m)	frisdrank (de)	['fris·drank]
limonada (f)	limonade (de)	[limɔ'nadə]
bebidas (f pl) alcoólicas	alcoholische dranken	[alkɔ'hɔlisə 'drankən]
vinho (m)	wijn (de)	[wɛjn]
vinho (m) branco	witte wijn (de)	['witə wɛjn]
vinho (m) tinto	rode wijn (de)	['rɔdə wɛjn]
licor (m)	likeur (de)	[li'kør]
champanhe (m)	champagne (de)	[ʃʌm'panjə]
vermute (m)	vermout (de)	['vɛrmut]
uísque (m)	whisky (de)	['wiski]
vodca (f)	wodka (de)	['wɔdka]
gim (m)	gin (de)	[dʒin]
conhaque (m)	cognac (de)	[kɔ'njak]
rum (m)	rum (de)	[rʉm]
café (m)	koffie (de)	['kɔfi]
café (m) preto	zwarte koffie (de)	['zwartə 'kɔfi]
café (m) com leite	koffie (de) met melk	['kɔfi mɛt mɛlk]
cappuccino (m)	cappuccino (de)	[kapu'tʃinɔ]
café (m) solúvel	oploskoffie (de)	['ɔplɔs·'kɔfi]
leite (m)	melk (de)	[mɛlk]
coquetel (m)	cocktail (de)	['kɔktəl]
batida (f), milkshake (m)	milkshake (de)	['milk·ʃɛjk]
suco (m)	sap (het)	[sap]
suco (m) de tomate	tomatensap (het)	[tɔ'matən·sap]
suco (m) de laranja	sinaasappelsap (het)	['sināsapəl·sap]
suco (m) fresco	vers geperst sap (het)	[vɛrs xə'pɛrst sap]
cerveja (f)	bier (het)	[bir]
cerveja (f) clara	licht bier (het)	[lixt bir]
cerveja (f) preta	donker bier (het)	['dɔnkər bir]
chá (m)	thee (de)	[tē]
chá (m) preto	zwarte thee (de)	['zwartə tē]
chá (m) verde	groene thee (de)	['xrunə tē]

37. Vegetais

vegetais (m pl)	groenten	['xruntən]
verdura (f)	verse kruiden	['vɛrsə 'krœydən]
tomate (m)	tomaat (de)	[tɔ'māt]
pepino (m)	augurk (de)	[au'xʉrk]
cenoura (f)	wortel (de)	['wɔrtəl]
batata (f)	aardappel (de)	['ārd·apəl]
cebola (f)	ui (de)	['œɤ]

alho (m)	knoflook (de)	['knõflɔk]
couve (f)	kool (de)	[kõl]
couve-flor (f)	bloemkool (de)	['blum·kõl]
couve-de-bruxelas (f)	spruitkool (de)	['sprœyt·kõl]
brócolis (m pl)	broccoli (de)	['brɔkɔli]
beterraba (f)	rode biet (de)	['rɔdə bit]
berinjela (f)	aubergine (de)	[ɔbɛr'ʒinə]
abobrinha (f)	courgette (de)	[kur'ʒɛt]
abóbora (f)	pompoen (de)	[pɔm'pun]
nabo (m)	raap (de)	[rãp]
salsa (f)	peterselie (de)	[petər'sɛli]
endro, aneto (m)	dille (de)	['dilə]
alface (f)	sla (de)	[sla]
aipo (m)	selderij (de)	['sɛldɛrɛj]
aspargo (m)	asperge (de)	[as'pɛrʒə]
espinafre (m)	spinazie (de)	[spi'nazi]
ervilha (f)	erwt (de)	[ɛrt]
feijão (~ soja, etc.)	bonen	['bɔnən]
milho (m)	maïs (de)	[majs]
feijão (m) roxo	nierboon (de)	['nir·bõn]
pimentão (m)	peper (de)	['pepər]
rabanete (m)	radijs (de)	[ra'dɛjs]
alcachofra (f)	artisjok (de)	[arti'ɕɔk]

38. Frutos. Nozes

fruta (f)	vrucht (de)	[vrʉxt]
maçã (f)	appel (de)	['apəl]
pera (f)	peer (de)	[pẽr]
limão (m)	citroen (de)	[si'trun]
laranja (f)	sinaasappel (de)	['sinãsapəl]
morango (m)	aardbei (de)	['ãrd·bɛj]
tangerina (f)	mandarijn (de)	[manda'rɛjn]
ameixa (f)	pruim (de)	['prœym]
pêssego (m)	perzik (de)	['pɛrzik]
damasco (m)	abrikoos (de)	[abri'kõs]
framboesa (f)	framboos (de)	[fram'bõs]
abacaxi (m)	ananas (de)	['ananas]
banana (f)	banaan (de)	[ba'nãn]
melancia (f)	watermeloen (de)	['watərmɛ'lun]
uva (f)	druif (de)	[drœyf]
ginja (f)	zure kers (de)	['zʉrə kɛrs]
cereja (f)	zoete kers (de)	['zutə kɛrs]
melão (m)	meloen (de)	[mə'lun]
toranja (f)	grapefruit (de)	['grepfrut]
abacate (m)	avocado (de)	[avɔ'kadɔ]
mamão (m)	papaja (de)	[pa'paja]

| manga (f) | mango (de) | ['mangɔ] |
| romã (f) | granaatappel (de) | [xra'nãt·'apəl] |

groselha (f) vermelha	rode bes (de)	['rɔdə bɛs]
groselha (f) negra	zwarte bes (de)	['zwartə bɛs]
groselha (f) espinhosa	kruisbes (de)	['krœɣsbɛs]
mirtilo (m)	blauwe bosbes (de)	['blauə 'bɔsbɛs]
amora (f) silvestre	braambes (de)	['brãmbɛs]

passa (f)	rozijn (de)	[rɔ'zɛjn]
figo (m)	vijg (de)	[vɛjx]
tâmara (f)	dadel (de)	['dadəl]

amendoim (m)	pinda (de)	['pinda]
amêndoa (f)	amandel (de)	[a'mandəl]
noz (f)	walnoot (de)	['walnõt]
avelã (f)	hazelnoot (de)	['hazəl·nõt]
coco (m)	kokosnoot (de)	['kɔkɔs·nõt]
pistaches (m pl)	pistaches	[pi'staʃəs]

39. Pão. Bolaria

pastelaria (f)	suikerbakkerij (de)	[sœɣkər bakə'rɛj]
pão (m)	brood (het)	[brõt]
biscoito (m), bolacha (f)	koekje (het)	['kukjə]

chocolate (m)	chocolade (de)	[ʃɔkɔ'ladə]
de chocolate	chocolade-	[ʃɔkɔ'ladə]
bala (f)	snoepje (het)	['snupjə]
doce (bolo pequeno)	cakeje (het)	['kejkjə]
bolo (m) de aniversário	taart (de)	[tãrt]

| torta (f) | pastei (de) | [pas'tɛj] |
| recheio (m) | vulling (de) | ['vɵliŋ] |

geleia (m)	confituur (de)	[kɔnfi'tūr]
marmelada (f)	marmelade (de)	[marmə'ladə]
wafers (m pl)	wafel (de)	['wafəl]
sorvete (m)	ijsje (het)	['ɛisjə], ['ɛiʃə]
pudim (m)	pudding (de)	['pɵdiŋ]

40. Pratos cozinhados

prato (m)	gerecht (het)	[xe'rɛht]
cozinha (~ portuguesa)	keuken (de)	['køkən]
receita (f)	recept (het)	[re'sɛpt]
porção (f)	portie (de)	['pɔrsi]

salada (f)	salade (de)	[sa'ladə]
sopa (f)	soep (de)	[sup]
caldo (m)	bouillon (de)	[bu'jon]
sanduíche (m)	boterham (de)	['bɔtərham]

ovos (m pl) fritos	spiegelei (het)	['spixəl·ɛj]
hambúrguer (m)	hamburger (de)	['hamburxər]
bife (m)	biefstuk (de)	['bifstʉk]

acompanhamento (m)	garnering (de)	[xar'neriŋ]
espaguete (m)	spaghetti (de)	[spa'xeti]
purê (m) de batata	aardappelpuree (de)	['ārdapəl·pʉ'rē]
pizza (f)	pizza (de)	['pitsa]
mingau (m)	pap (de)	[pap]
omelete (f)	omelet (de)	[ɔmə'lɛt]

fervido (adj)	gekookt	[xə'kōkt]
defumado (adj)	gerookt	[xə'rōkt]
frito (adj)	gebakken	[xə'bakən]
seco (adj)	gedroogd	[xə'drōxt]
congelado (adj)	diepvries	['dip·vris]
em conserva (adj)	gemarineerd	[xəmari'nērt]

doce (adj)	zoet	[zut]
salgado (adj)	gezouten	[xə'zautən]
frio (adj)	koud	['kaut]
quente (adj)	heet	[hēt]
amargo (adj)	bitter	['bitər]
gostoso (adj)	lekker	['lɛkər]

cozinhar em água fervente	koken	['kɔkən]
preparar (vt)	bereiden	[bə'rɛjdən]
fritar (vt)	bakken	['bakən]
aquecer (vt)	opwarmen	['ɔpwarmən]

salgar (vt)	zouten	['zautən]
apimentar (vt)	peperen	['pepərən]
ralar (vt)	raspen	['raspən]
casca (f)	schil (de)	[sxil]
descascar (vt)	schillen	['sxilən]

41. Especiarias

sal (m)	zout (het)	['zaut]
salgado (adj)	gezouten	[xə'zautən]
salgar (vt)	zouten	['zautən]

pimenta-do-reino (f)	zwarte peper (de)	['zwartə 'pepər]
pimenta (f) vermelha	rode peper (de)	['rɔdə 'pepər]
mostarda (f)	mosterd (de)	['mɔstərt]
raiz-forte (f)	mierikswortel (de)	['miriks·'wɔrtəl]

condimento (m)	condiment (het)	[kɔndi'mɛnt]
especiaria (f)	specerij , kruiderij (de)	[spesə'rɛj], [krœʏdə'rɛj]
molho (~ inglês)	saus (de)	['saus]
vinagre (m)	azijn (de)	[a'zɛjn]

anis estrelado (m)	anijs (de)	[a'nɛjs]
manjericão (m)	basilicum (de)	[ba'silikəm]

cravo (m)	kruidnagel (de)	['krœʏtnaxəl]
gengibre (m)	gember (de)	['xɛmbər]
coentro (m)	koriander (de)	[kɔri'andər]
canela (f)	kaneel (de/het)	[ka'nēl]

gergelim (m)	sesamzaad (het)	['sɛzam·zāt]
folha (f) de louro	laurierblad (het)	[lau'rir·blat]
páprica (f)	paprika (de)	['paprika]
cominho (m)	komijn (de)	[kɔ'mɛjn]
açafrão (m)	saffraan (de)	[saf'rān]

42. Refeições

comida (f)	eten (het)	['etən]
comer (vt)	eten	['etən]

café (m) da manhã	ontbijt (het)	[ɔn'bɛjt]
tomar café da manhã	ontbijten	[ɔn'bɛjtən]
almoço (m)	lunch (de)	['lʉnʃ]
almoçar (vi)	lunchen	['lʉnʃən]
jantar (m)	avondeten (het)	['avɔntetən]
jantar (vi)	souperen	[su'perən]

apetite (m)	eetlust (de)	['ētlʉst]
Bom apetite!	Eet smakelijk!	[ēt 'smakələk]

abrir (~ uma lata, etc.)	openen	['ɔpənən]
derramar (~ líquido)	morsen	['mɔrsən]
derramar-se (vr)	zijn gemorst	[zɛjn xɛ'mɔrst]

ferver (vi)	koken	['kɔkən]
ferver (vt)	koken	['kɔkən]
fervido (adj)	gekookt	[xə'kōkt]

esfriar (vt)	afkoelen	['afkulən]
esfriar-se (vr)	afkoelen	['afkulən]

sabor, gosto (m)	smaak (de)	[smāk]
fim (m) de boca	nasmaak (de)	['nasmāk]

emagrecer (vi)	volgen een dieet	['vɔlxə en di'ēt]
dieta (f)	dieet (het)	[di'ēt]
vitamina (f)	vitamine (de)	[vita'minə]
caloria (f)	calorie (de)	[kalɔ'ri]

vegetariano (m)	vegetariër (de)	[vəxɛ'tarier]
vegetariano (adj)	vegetarisch	[vəxɛ'taris]

gorduras (f pl)	vetten	['vɛtən]
proteínas (f pl)	eiwitten	['ɛjwitən]
carboidratos (m pl)	koolhydraten	[kōlhi'dratən]
fatia (~ de limão, etc.)	snede (de)	['snedə]
pedaço (~ de bolo)	stuk (het)	[stʉk]
migalha (f), farelo (m)	kruimel (de)	['krœʏməl]

43. Por a mesa

colher (f)	**lepel (de)**	['lepəl]
faca (f)	**mes (het)**	[mɛs]
garfo (m)	**vork (de)**	[vɔrk]
xícara (f)	**kopje (het)**	['kɔpjə]
prato (m)	**bord (het)**	[bɔrt]
pires (m)	**schoteltje (het)**	['sxɔteltʃə]
guardanapo (m)	**servet (het)**	[sɛr'vɛt]
palito (m)	**tandenstoker (de)**	['tandən·'stɔkər]

44. Restaurante

restaurante (m)	**restaurant (het)**	[rɛsto'rant]
cafeteria (f)	**koffiehuis (het)**	['kɔfi·hœʏs]
bar (m), cervejaria (f)	**bar (de)**	[bar]
salão (m) de chá	**tearoom (de)**	['ti·rōm]
garçom (m)	**kelner, ober (de)**	['kɛlnər], ['ɔbər]
garçonete (f)	**serveerster (de)**	[sɛr'vẽrstər]
barman (m)	**barman (de)**	['barman]
cardápio (m)	**menu (het)**	[me'nʉ]
lista (f) de vinhos	**wijnkaart (de)**	['wɛjn·kãrt]
reservar uma mesa	**een tafel reserveren**	[en 'tafəl rezər'verən]
prato (m)	**gerecht (het)**	[xe'rɛht]
pedir (vt)	**bestellen**	[bə'stɛlən]
fazer o pedido	**een bestelling maken**	[en bə'stɛliŋ 'makən]
aperitivo (m)	**aperitief (de/het)**	[aperi'tif]
entrada (f)	**voorgerecht (het)**	['võrxərɛht]
sobremesa (f)	**dessert (het)**	[dɛ'sɛ:r]
conta (f)	**rekening (de)**	['rekəniŋ]
pagar a conta	**de rekening betalen**	[də 'rekəniŋ bə'talən]
dar o troco	**wisselgeld teruggeven**	['wisəl·xɛlt tɛ'rʉxevən]
gorjeta (f)	**fooi (de)**	[fōj]

Família, parentes e amigos

45. Informação pessoal. Formulários

nome (m)	naam (de)	[nãm]
sobrenome (m)	achternaam (de)	['axtər·nãm]
data (f) de nascimento	geboortedatum (de)	[xə'bōrtə·datʉm]
local (m) de nascimento	geboorteplaats (de)	[xə'bōrtə·plãts]

nacionalidade (f)	nationaliteit (de)	[natsjɔnali'tɛjt]
lugar (m) de residência	woonplaats (de)	['wōm·plãts]
país (m)	land (het)	[lant]
profissão (f)	beroep (het)	[bə'rup]

sexo (m)	geslacht (het)	[xə'slaht]
estatura (f)	lengte (de)	['lɛŋtə]
peso (m)	gewicht (het)	[xə'wixt]

46. Membros da família. Parentes

mãe (f)	moeder (de)	['mudər]
pai (m)	vader (de)	['vadər]
filho (m)	zoon (de)	[zõn]
filha (f)	dochter (de)	['dɔxtər]

caçula (f)	jongste dochter (de)	['jɔŋstə 'dɔxtər]
caçula (m)	jongste zoon (de)	['jɔŋstə zõn]
filha (f) mais velha	oudste dochter (de)	['audstə 'dɔxtər]
filho (m) mais velho	oudste zoon (de)	['audstə zõn]

irmão (m)	broer (de)	[brur]
irmão (m) mais velho	oudere broer (de)	['audərə brur]
irmão (m) mais novo	jongere broer (de)	['jɔŋərə brur]
irmã (f)	zuster (de)	['zʉstər]
irmã (f) mais velha	oudere zuster (de)	['audərə 'zʉstər]
irmã (f) mais nova	jongere zuster (de)	['jɔŋərə 'zʉstər]

primo (m)	neef (de)	[nēf]
prima (f)	nicht (de)	[nixt]
mamãe (f)	mama (de)	['mama]
papai (m)	papa (de)	['papa]
pais (pl)	ouders	['audərs]
criança (f)	kind (het)	[kint]
crianças (f pl)	kinderen	['kindərən]

avó (f)	oma (de)	['ɔma]
avô (m)	opa (de)	['ɔpa]
neto (m)	kleinzoon (de)	[klɛjn·zõn]

| neta (f) | kleindochter (de) | [klɛjn·'dɔxtər] |
| netos (pl) | kleinkinderen | [klɛjn·'kinderən] |

tio (m)	oom (de)	[õm]
tia (f)	tante (de)	['tantə]
sobrinho (m)	neef (de)	[nẽf]
sobrinha (f)	nicht (de)	[nixt]

sogra (f)	schoonmoeder (de)	['sxõn·mudər]
sogro (m)	schoonvader (de)	['sxõn·vadər]
genro (m)	schoonzoon (de)	['sxõn·zõn]
madrasta (f)	stiefmoeder (de)	['stif·mudər]
padrasto (m)	stiefvader (de)	['stif·vadər]

criança (f) de colo	zuigeling (de)	['zœɣxəliŋ]
bebê (m)	wiegenkind (het)	['wixən·kint]
menino (m)	kleuter (de)	['kløtər]

mulher (f)	vrouw (de)	['vrau]
marido (m)	man (de)	[man]
esposo (m)	echtgenoot (de)	['ɛhtxənõt]
esposa (f)	echtgenote (de)	['ɛhtxənɔtə]

casado (adj)	gehuwd	[xə'hʉwt]
casada (adj)	gehuwd	[xə'hʉwt]
solteiro (adj)	ongehuwd	[ɔnhə'hʉwt]
solteirão (m)	vrijgezel (de)	[vrɛjxə'zɛl]
divorciado (adj)	gescheiden	[xə'sxɛjdən]
viúva (f)	weduwe (de)	['wedʉwə]
viúvo (m)	weduwnaar (de)	['wedʉwnãr]

parente (m)	familielid (het)	[fa'mililit]
parente (m) próximo	dichte familielid (het)	['dixtə fa'mililit]
parente (m) distante	verre familielid (het)	['vɛrə fa'mililit]
parentes (m pl)	familieleden	[fa'mili'ledən]

órfão (m), órfã (f)	wees (de), weeskind (het)	[wẽs], ['wẽskint]
tutor (m)	voogd (de)	[võxt]
adotar (um filho)	adopteren	[adɔp'terən]
adotar (uma filha)	adopteren	[adɔp'terən]

Medicina

47. Doenças

doença (f)	ziekte (de)	['ziktə]
estar doente	ziek zijn	[zik zɛjn]
saúde (f)	gezondheid (de)	[xə'zɔnthɛjt]

nariz (m) escorrendo	snotneus (de)	[snɔt'nøs]
amigdalite (f)	angina (de)	[an'xina]
resfriado (m)	verkoudheid (de)	[vər'kauthɛjt]
ficar resfriado	verkouden raken	[vər'kaudən 'rakən]

bronquite (f)	bronchitis (de)	[brɔn'xitis]
pneumonia (f)	longontsteking (de)	['lɔŋ·ɔntstekiŋ]
gripe (f)	griep (de)	[xrip]

míope (adj)	bijziend	[bɛj'zint]
presbita (adj)	verziend	['vɛrzint]
estrabismo (m)	scheelheid (de)	['sxēlxɛjt]
estrábico, vesgo (adj)	scheel	[sxēl]
catarata (f)	grauwe staar (de)	['xrauə stār]
glaucoma (m)	glaucoom (het)	[xlau'kōm]

AVC (m), apoplexia (f)	beroerte (de)	[bə'rurtə]
ataque (m) cardíaco	hartinfarct (het)	['hart·in'farkt]
enfarte (m) do miocárdio	myocardiaal infarct (het)	[miɔkardi'āl in'farkt]
paralisia (f)	verlamming (de)	[vər'lamiŋ]
paralisar (vt)	verlammen	[vər'lamən]

alergia (f)	allergie (de)	[alɛr'xi]
asma (f)	astma (de/het)	['astma]
diabetes (f)	diabetes (de)	[dia'betəs]

dor (f) de dente	tandpijn (de)	['tand·pɛjn]
cárie (f)	tandbederf (het)	['tand·bə'dɛrf]

diarreia (f)	diarree (de)	[dia'rē]
prisão (f) de ventre	constipatie (de)	[kɔnsti'patsi]
desarranjo (m) intestinal	maagstoornis (de)	['māx·stōrnis]
intoxicação (f) alimentar	voedselvergiftiging (de)	['vudsəl·vər'xiftəxiŋ]
intoxicar-se	voedselvergiftiging oplopen	['vudsəl·vər'xiftəxiŋ 'ɔplɔpən]

artrite (f)	artritis (de)	[ar'tritis]
raquitismo (m)	rachitis (de)	[ra'xitis]
reumatismo (m)	reuma (het)	['røma]
arteriosclerose (f)	arteriosclerose (de)	[artɛriɔskle'rɔzə]
gastrite (f)	gastritis (de)	[xas'tritis]
apendicite (f)	blindedarmontsteking (de)	[blində'darm·ɔntstɛkiŋ]

| colecistite (f) | galblaasontsteking (de) | ['xalblaxāns·ɔnt'stɛkiŋ] |
| úlcera (f) | zweer (de) | [zwēr] |

sarampo (m)	mazelen	['mazelən]
rubéola (f)	rodehond (de)	['rɔdəhɔnt]
icterícia (f)	geelzucht (de)	['xēlzʉht]
hepatite (f)	leverontsteking (de)	['levər ɔnt'stekiŋ]

esquizofrenia (f)	schizofrenie (de)	[sxitsɔfrə'ni]
raiva (f)	dolheid (de)	['dɔlhɛjt]
neurose (f)	neurose (de)	['nø'rɔzə]
contusão (f) cerebral	hersenschudding (de)	['hɛrsən·sxjudiŋ]

câncer (m)	kanker (de)	['kankər]
esclerose (f)	sclerose (de)	[skle'rɔzə]
esclerose (f) múltipla	multiple sclerose (de)	['mʉltiplə skle'rɔzə]

alcoolismo (m)	alcoholisme (het)	[alkɔhɔ'lismə]
alcoólico (m)	alcoholicus (de)	[alkɔ'hɔlikʉs]
sífilis (f)	syfilis (de)	['sifilis]
AIDS (f)	AIDS (de)	[ets]

tumor (m)	tumor (de)	['tʉmɔr]
maligno (adj)	kwaadaardig	['kwāt·'ārdəx]
benigno (adj)	goedaardig	[xu'tārdəx]

febre (f)	koorts (de)	[kōrts]
malária (f)	malaria (de)	[ma'laria]
gangrena (f)	gangreen (het)	[xanx'rēn]
enjoo (m)	zeeziekte (de)	[zē·'ziktə]
epilepsia (f)	epilepsie (de)	[ɛpilɛp'si]

epidemia (f)	epidemie (de)	[ɛpidə'mi]
tifo (m)	tyfus (de)	['tifʉs]
tuberculose (f)	tuberculose (de)	[tʉbərkʉ'lɔzə]
cólera (f)	cholera (de)	['xɔləra]
peste (f) bubônica	pest (de)	[pɛst]

48. Sintomas. Tratamentos. Parte 1

sintoma (m)	symptoom (het)	[simp'tōm]
temperatura (f)	temperatuur (de)	[tɛmpəra'tūr]
febre (f)	verhoogde temperatuur (de)	[vər'hōxtə tɛmpəra'tūr]

| pulso (m) | polsslag (de) | ['pɔls·slax] |

vertigem (f)	duizeling (de)	['dœyzəliŋ]
quente (testa, etc.)	heet	[hēt]
calafrio (m)	koude rillingen	['kaudə 'riliŋən]
pálido (adj)	bleek	[blēk]

tosse (f)	hoest (de)	[hust]
tossir (vi)	hoesten	['hustən]
espirrar (vi)	niezen	['nizən]

desmaio (m)	flauwte (de)	['flautə]
desmaiar (vi)	flauwvallen	['flauvalən]

mancha (f) preta	blauwe plek (de)	['blauə plɛk]
galo (m)	buil (de)	['bœyl]
machucar-se (vr)	zich stoten	[zix 'stotən]
contusão (f)	kneuzing (de)	['knøziŋ]
machucar-se (vr)	kneuzen	['knøzən]

mancar (vi)	hinken	['hinkən]
deslocamento (f)	verstuiking (de)	[vər'stœykiŋ]
deslocar (vt)	verstuiken	[vər'stœykən]
fratura (f)	breuk (de)	['brøk]
fraturar (vt)	een breuk oplopen	[en 'brøk 'ɔplɔpən]

corte (m)	snijwond (de)	['snɛj·wɔnt]
cortar-se (vr)	zich snijden	[zix snɛjdən]
hemorragia (f)	bloeding (de)	['bludiŋ]

queimadura (f)	brandwond (de)	['brant·wɔnt]
queimar-se (vr)	zich branden	[zix 'brandən]

picar (vt)	prikken	['prikən]
picar-se (vr)	zich prikken	[zix 'prikən]
lesionar (vt)	blesseren	[blɛ'serən]
lesão (m)	blessure (de)	[blɛ'sʉrə]
ferida (f), ferimento (m)	wond (de)	[wɔnt]
trauma (m)	trauma (het)	['trauma]

delirar (vi)	ijlen	['ɛjlən]
gaguejar (vi)	stotteren	['stɔtɛrən]
insolação (f)	zonnesteek (de)	['zɔnə·stĕk]

49. Sintomas. Tratamentos. Parte 2

dor (f)	pijn (de)	[pɛjn]
farpa (no dedo, etc.)	splinter (de)	['splintər]

suor (m)	zweet (het)	['zwĕt]
suar (vi)	zweten	['zwetən]
vômito (m)	braking (de)	['brakiŋ]
convulsões (f pl)	stuiptrekkingen	['stœyp·'trɛkiŋən]

grávida (adj)	zwanger	['zwaŋər]
nascer (vi)	geboren worden	[xə'bɔrən 'wɔrdən]
parto (m)	geboorte (de)	[xə'bõrtə]
dar à luz	baren	['barən]
aborto (m)	abortus (de)	[a'bɔrtʉs]

respiração (f)	ademhaling (de)	['adəmhaliŋ]
inspiração (f)	inademing (de)	['inademiŋ]
expiração (f)	uitademing (de)	['œytademiŋ]
expirar (vi)	uitademen	['œytademən]
inspirar (vi)	inademen	['inademən]

inválido (m)	**invalide (de)**	[inva'lidə]
aleijado (m)	**gehandicapte (de)**	[hə'handikaptə]
drogado (m)	**drugsverslaafde (de)**	['druks·vər'slāfdə]

surdo (adj)	**doof**	[dōf]
mudo (adj)	**stom**	[stɔm]
surdo-mudo (adj)	**doofstom**	[dōf·'stɔm]

louco, insano (adj)	**krankzinnig**	[kraŋk'sinəx]
louco (m)	**krankzinnige (de)**	[kraŋk'sinəxə]
louca (f)	**krankzinnige (de)**	[kraŋk'sinəxə]
ficar louco	**krankzinnig worden**	[kraŋk'sinəx 'wɔrdən]

gene (m)	**gen (het)**	[xen]
imunidade (f)	**immuniteit (de)**	[imuni'tɛjt]
hereditário (adj)	**erfelijk**	['ɛrfələk]
congênito (adj)	**aangeboren**	['ānxəbɔrən]

vírus (m)	**virus (het)**	['virus]
micróbio (m)	**microbe (de)**	[mik'rɔbə]
bactéria (f)	**bacterie (de)**	[bak'teri]
infecção (f)	**infectie (de)**	[in'fɛksi]

50. Sintomas. Tratamentos. Parte 3

hospital (m)	**ziekenhuis (het)**	['zikən·hœys]
paciente (m)	**patiënt (de)**	[pasi'ent]

diagnóstico (m)	**diagnose (de)**	[diax'nozə]
cura (f)	**genezing (de)**	[xə'neziŋ]
tratamento (m) médico	**medische behandeling (de)**	['mɛdisə bə'handəliŋ]
curar-se (vr)	**onder behandeling zijn**	['ɔndər bə'handəliŋ zɛjn]
tratar (vt)	**behandelen**	[bə'handələn]
cuidar (pessoa)	**zorgen**	['zɔrxən]
cuidado (m)	**ziekenzorg (de)**	['zikən·zɔrx]

operação (f)	**operatie (de)**	[ɔpe'ratsi]
enfaixar (vt)	**verbinden**	[vər'bindən]
enfaixamento (m)	**verband (het)**	[vər'bant]

vacinação (f)	**vaccin (het)**	[vaksən]
vacinar (vt)	**inenten**	['inɛntən]
injeção (f)	**injectie (de)**	[inj'eksi]
dar uma injeção	**een injectie geven**	[ɛn inj'eksi 'xevən]

ataque (~ de asma, etc.)	**aanval (de)**	['ānval]
amputação (f)	**amputatie (de)**	[ampu'tatsi]
amputar (vt)	**amputeren**	[ampu'terən]
coma (f)	**coma (het)**	['kɔma]
estar em coma	**in coma liggen**	[in 'kɔma 'lixən]
reanimação (f)	**intensieve zorg, ICU (de)**	[intən'sivə zɔrx], [isɛ'ju]

recuperar-se (vr)	**zich herstellen**	[zix hɛr'ʃtɛlən]
estado (~ de saúde)	**toestand (de)**	['tustant]

consciência (perder a ~)	bewustzijn (het)	[bə'wʊstsɛjn]
memória (f)	geheugen (het)	[xə'høxən]

tirar (vt)	trekken	['trɛkən]
obturação (f)	vulling (de)	['vʊliŋ]
obturar (vt)	vullen	['vʊlən]

hipnose (f)	hypnose (de)	['hipnɔzə]
hipnotizar (vt)	hypnotiseren	[hipnɔti'zerən]

51. Médicos

médico (m)	dokter, arts (de)	['dɔktər], [arts]
enfermeira (f)	ziekenzuster (de)	['zikən·zʊstər]
médico (m) pessoal	lijfarts (de)	['lɛjf·arts]

dentista (m)	tandarts (de)	['tand·arts]
oculista (m)	oogarts (de)	['ōx·arts]
terapeuta (m)	therapeut (de)	[tera'pøt]
cirurgião (m)	chirurg (de)	[ʃi'rʊrx]

psiquiatra (m)	psychiater (de)	[psixi'atər]
pediatra (m)	pediater (de)	[pedi'atər]
psicólogo (m)	psycholoog (de)	[psihɔ'lōx]
ginecologista (m)	gynaecoloog (de)	[xinekɔ'lōx]
cardiologista (m)	cardioloog (de)	[kardiɔ'lōx]

52. Medicina. Drogas. Acessórios

medicamento (m)	geneesmiddel (het)	[xə'nēsmidəl]
remédio (m)	middel (het)	['midəl]
receitar (vt)	voorschrijven	['vōrsxrɛjvən]
receita (f)	recept (het)	[re'sɛpt]

comprimido (m)	tablet (de/het)	[tab'lɛt]
unguento (m)	zalf (de)	[zalf]
ampola (f)	ampul (de)	[am'pʉl]
solução, preparado (m)	drank (de)	[drank]
xarope (m)	siroop (de)	[si'rōp]
cápsula (f)	pil (de)	[pil]
pó (m)	poeder (de/het)	['pudər]

atadura (f)	verband (het)	[vər'bant]
algodão (m)	watten	['watən]
iodo (m)	jodium (het)	['jodijum]

curativo (m) adesivo	pleister (de)	['plɛjstər]
conta-gotas (m)	pipet (de)	[pi'pɛt]
termômetro (m)	thermometer (de)	['tɛrmɔmetər]
seringa (f)	spuit (de)	['spœyt]
cadeira (f) de rodas	rolstoel (de)	['rɔl·stul]
muletas (f pl)	krukken	['krʉkən]

analgésico (m)	**pijnstiller (de)**	['pɛjn·stilər]
laxante (m)	**laxeermiddel (het)**	[la'ksēr·midəl]
álcool (m)	**spiritus (de)**	['spiritʊs]
ervas (f pl) medicinais	**medicinale kruiden**	[mɛdisi'nalə krœʏdən]
de ervas (chá ~)	**kruiden-**	['krœʏdən]

HABITAT HUMANO

Cidade

53. Cidade. Vida na cidade

cidade (f)	stad (de)	[stat]
capital (f)	hoofdstad (de)	['hõft·stat]
aldeia (f)	dorp (het)	[dɔrp]
mapa (m) da cidade	plattegrond (de)	['platə·xrɔnt]
centro (m) da cidade	centrum (het)	['sɛntrʉm]
subúrbio (m)	voorstad (de)	['võrstat]
suburbano (adj)	voorstads-	['võrstats]
periferia (f)	randgemeente (de)	['rant·xəmēntə]
arredores (m pl)	omgeving (de)	[ɔm'xeviŋ]
quarteirão (m)	blok (het)	[blɔk]
quarteirão (m) residencial	woonwijk (de)	['wõnvɛjk]
tráfego (m)	verkeer (het)	[vər'kēr]
semáforo (m)	verkeerslicht (het)	[vər'kērs·lixt]
transporte (m) público	openbaar vervoer (het)	[ɔpən'bār vər'vur]
cruzamento (m)	kruispunt (het)	['krœys·pynt]
faixa (f)	zebrapad (het)	['zɛbra·pat]
túnel (m) subterrâneo	onderdoorgang (de)	['ɔndər·'dōrxaŋ]
cruzar, atravessar (vt)	oversteken	[ɔvər'stekən]
pedestre (m)	voetganger (de)	['vutxaŋər]
calçada (f)	trottoir (het)	[trɔtu'ar]
ponte (f)	brug (de)	[brʉx]
margem (f) do rio	dijk (de)	[dɛjk]
fonte (f)	fontein (de)	[fɔn'tɛjn]
alameda (f)	allee (de)	[a'lē]
parque (m)	park (het)	[park]
bulevar (m)	boulevard (de)	[bulə'var]
praça (f)	plein (het)	[plɛjn]
avenida (f)	laan (de)	[lān]
rua (f)	straat (de)	[strāt]
travessa (f)	zijstraat (de)	['zɛj·strāt]
beco (m) sem saída	doodlopende straat (de)	[dōd'lɔpəndə strāt]
casa (f)	huis (het)	['hœys]
edifício, prédio (m)	gebouw (het)	[xə'bau]
arranha-céu (m)	wolkenkrabber (de)	['wɔlkən·'krabər]
fachada (f)	gevel (de)	['xevəl]
telhado (m)	dak (het)	[dak]

janela (f)	venster (het)	['vɛnstər]
arco (m)	boog (de)	[bōx]
coluna (f)	pilaar (de)	[pi'lār]
esquina (f)	hoek (de)	[huk]

vitrine (f)	vitrine (de)	[vit'rinə]
letreiro (m)	gevelreclame (de)	['xevəl·re'klamə]
cartaz (do filme, etc.)	affiche (de/het)	[a'fiʃə]
cartaz (m) publicitário	reclameposter (de)	[re'klamə·'pɔstər]
painel (m) publicitário	aanplakbord (het)	['ānplak·'bɔrt]

lixo (m)	vuilnis (de/het)	['vœʏlnis]
lata (f) de lixo	vuilnisbak (de)	['vœʏlnis·bak]
jogar lixo na rua	afval weggooien	['afval 'wɛxōjən]
aterro (m) sanitário	stortplaats (de)	['stɔrt·plāts]

orelhão (m)	telefooncel (de)	[telə'fōn·səl]
poste (m) de luz	straatlicht (het)	['strāt·lixt]
banco (m)	bank (de)	[bank]

polícia (m)	politieagent (de)	[pɔ'litsi·a'xɛnt]
polícia (instituição)	politie (de)	[pɔ'litsi]
mendigo, pedinte (m)	zwerver (de)	['zwɛrvər]
desabrigado (m)	dakloze (de)	[dak'lozə]

54. Instituições urbanas

loja (f)	winkel (de)	['winkəl]
drogaria (f)	apotheek (de)	[apɔ'tēk]
ótica (f)	optiek (de)	[ɔp'tik]
centro (m) comercial	winkelcentrum (het)	['winkəl·'sɛntrʊm]
supermercado (m)	supermarkt (de)	['sʊpərmarkt]

padaria (f)	bakkerij (de)	['bakərɛj]
padeiro (m)	bakker (de)	['bakər]
pastelaria (f)	banketbakkerij (de)	[ban'ket·bakə'rɛj]
mercearia (f)	kruidenier (de)	[krœʏdə'nir]
açougue (m)	slagerij (de)	[slaxə'rɛj]

| fruteira (f) | groentewinkel (de) | ['xruntə·'winkəl] |
| mercado (m) | markt (de) | [markt] |

cafeteria (f)	koffiehuis (het)	['kɔfi·hœʏs]
restaurante (m)	restaurant (het)	[rɛstɔ'rant]
bar (m)	bar (de)	[bar]
pizzaria (f)	pizzeria (de)	[pitsə'rija]

salão (m) de cabeleireiro	kapperssalon (de/het)	['kapərs·sa'lɔn]
agência (f) dos correios	postkantoor (het)	[pɔst·kan'tōr]
lavanderia (f)	stomerij (de)	[stɔmɛ'rɛj]
estúdio (m) fotográfico	fotostudio (de)	[fotɔ·'stʊdiɔ]

| sapataria (f) | schoenwinkel (de) | ['sxun·'winkəl] |
| livraria (f) | boekhandel (de) | ['bukən·'handəl] |

loja (f) de artigos esportivos	sportwinkel (de)	['spɔrt·'winkəl]
costureira (m)	kledingreparatie (de)	['klediŋ·repa'ratsi]
aluguel (m) de roupa	kledingverhuur (de)	['klediŋ·vər'hūr]
videolocadora (f)	videotheek (de)	[video'tēk]
circo (m)	circus (de/het)	['sirkʉs]
jardim (m) zoológico	dierentuin (de)	['dīrən·tœʏn]
cinema (m)	bioscoop (de)	[biɔ'skōp]
museu (m)	museum (het)	[mʉ'zejum]
biblioteca (f)	bibliotheek (de)	[biblio'tēk]
teatro (m)	theater (het)	[te'atər]
ópera (f)	opera (de)	['ɔpəra]
boate (casa noturna)	nachtclub (de)	['naxt·klʉp]
cassino (m)	casino (het)	[ka'sinɔ]
mesquita (f)	moskee (de)	[mɔs'kē]
sinagoga (f)	synagoge (de)	[sina'xɔxə]
catedral (f)	kathedraal (de)	[kate'drāl]
templo (m)	tempel (de)	['tɛmpəl]
igreja (f)	kerk (de)	[kɛrk]
faculdade (f)	instituut (het)	[insti'tūt]
universidade (f)	universiteit (de)	[junivɛrsi'tɛjt]
escola (f)	school (de)	[sxōl]
prefeitura (f)	gemeentehuis (het)	[xə'mēntə·hœʏs]
câmara (f) municipal	stadhuis (het)	['stat·hœʏs]
hotel (m)	hotel (het)	[hɔ'tɛl]
banco (m)	bank (de)	[bank]
embaixada (f)	ambassade (de)	[amba'sadə]
agência (f) de viagens	reisbureau (het)	[rɛjs·bʉ'rɔ]
agência (f) de informações	informatieloket (het)	[infɔr'matsi·lɔ'kɛt]
casa (f) de câmbio	wisselkantoor (het)	['wisəl·kan'tōr]
metrô (m)	metro (de)	['metrɔ]
hospital (m)	ziekenhuis (het)	['zikən·hœʏs]
posto (m) de gasolina	benzinestation (het)	[bɛn'zinə·sta'tsjon]
parque (m) de estacionamento	parking (de)	['parkiŋ]

55. Sinais

letreiro (m)	gevelreclame (de)	['xevəl·re'klamə]
aviso (m)	opschrift (het)	['ɔpsxrift]
cartaz, pôster (m)	poster (de)	['pɔstər]
placa (f) de direção	wegwijzer (de)	['wɛx·wɛjzər]
seta (f)	pijl (de)	[pɛjl]
aviso (advertência)	waarschuwing (de)	['wārsxjuviŋ]
sinal (m) de aviso	waarschuwingsbord (het)	['wārsxjuviŋs·bɔrt]
avisar, advertir (vt)	waarschuwen	['wārsxjuvən]
dia (m) de folga	vrije dag (de)	['vrɛjə dax]

horário (~ dos trens, etc.)	dienstregeling (de)	[dinst·'rexəliŋ]
horário (m)	openingsuren	['ɔpəniŋs·ʉrən]
BEM-VINDOS!	WELKOM!	['wɛlkɔm]
ENTRADA	INGANG	['inxaŋ]
SAÍDA	UITGANG	['œʏtxaŋ]
EMPURRE	DUWEN	['dʉwən]
PUXE	TREKKEN	['trɛkən]
ABERTO	OPEN	['ɔpən]
FECHADO	GESLOTEN	[xə'slɔtən]
MULHER	DAMES	['daməs]
HOMEM	HEREN	['herən]
DESCONTOS	KORTING	['kɔrtiŋ]
SALDOS, PROMOÇÃO	UITVERKOOP	['œʏtverkōp]
NOVIDADE!	NIEUW!	[niu]
GRÁTIS	GRATIS	['xratis]
ATENÇÃO!	PAS OP!	[pas 'ɔp]
NÃO HÁ VAGAS	VOLGEBOEKT	['vɔlxəbukt]
RESERVADO	GERESERVEERD	[xərezər'vērt]
ADMINISTRAÇÃO	ADMINISTRATIE	[atminist'ratsi]
SOMENTE PESSOAL	ALLEEN VOOR	[a'lēn vōr
AUTORIZADO	PERSONEEL	pərsɔ'nēl]
CUIDADO CÃO FEROZ	GEVAARLIJKE HOND	[xe'vārləkə hɔnt]
PROIBIDO FUMAR!	VERBODEN TE ROKEN!	[vər'bɔdən tə 'rɔkən]
NÃO TOCAR	NIET AANRAKEN!	[nit ān'rakən]
PERIGOSO	GEVAARLIJK	[xe'vārlək]
PERIGO	GEVAAR	[xe'vār]
ALTA TENSÃO	HOOGSPANNING	[hōh·'spaniŋ]
PROIBIDO NADAR	VERBODEN TE ZWEMMEN	[vər'bɔdən tə 'zwɛmən]
COM DEFEITO	BUITEN GEBRUIK	['bœʏtən xəbrœʏk]
INFLAMÁVEL	ONTVLAMBAAR	[ɔnt'flambār]
PROIBIDO	VERBODEN	[vər'bɔdən]
ENTRADA PROIBIDA	DOORGANG VERBODEN	['dōrxaŋ vər'bɔdən]
CUIDADO TINTA FRESCA	OPGELET PAS GEVERFD	[ɔpxe'lɛt pas xə'verft]

56. Transportes urbanos

ônibus (m)	bus, autobus (de)	[bʉs], ['autɔbʉs]
bonde (m) elétrico	tram (de)	[trɛm]
trólebus (m)	trolleybus (de)	['trɔlibʉs]
rota (f), itinerário (m)	route (de)	['rutə]
número (m)	nummer (het)	['nʉmər]
ir de ... (carro, etc.)	rijden met ...	['rɛjdən mɛt]
entrar no ...	stappen	['stapən]
descer do ...	afstappen	['afstapən]

parada (f)	halte (de)	['haltə]
próxima parada (f)	volgende halte (de)	['vɔlxəndə 'haltə]
terminal (m)	eindpunt (het)	['ɛjnt·pʉnt]
horário (m)	dienstregeling (de)	[dinst·'rexəliŋ]
esperar (vt)	wachten	['waxtən]

| passagem (f) | kaartje (het) | ['kārtʃə] |
| tarifa (f) | reiskosten (de) | ['rɛjs·kɔstən] |

bilheteiro (m)	kassier (de)	[ka'sir]
controle (m) de passagens	kaartcontrole (de)	['kārt·kɔn'trɔlə]
revisor (m)	controleur (de)	[kɔntrɔ'lør]

atrasar-se (vr)	te laat zijn	[tə 'lāt zɛjn]
perder (o autocarro, etc.)	missen (de bus ~)	['misən]
estar com pressa	zich haasten	[zix 'hāstən]

táxi (m)	taxi (de)	['taksi]
taxista (m)	taxichauffeur (de)	['taksi·ʃɔ'før]
de táxi (ir ~)	met de taxi	[mɛt də 'taksi]
ponto (m) de táxis	taxistandplaats (de)	['taksi·'stant·plāts]
chamar um táxi	een taxi bestellen	[en 'taksi bə'stɛlən]
pegar um táxi	een taxi nemen	[en 'taksi 'nemən]

tráfego (m)	verkeer (het)	[vər'kēr]
engarrafamento (m)	file (de)	['filə]
horas (f pl) de pico	spitsuur (het)	['spits·ūr]
estacionar (vi)	parkeren	[par'kerən]
estacionar (vt)	parkeren	[par'kerən]
parque (m) de estacionamento	parking (de)	['parkiŋ]

metrô (m)	metro (de)	['metrɔ]
estação (f)	halte (de)	['haltə]
ir de metrô	de metro nemen	[də 'metrɔ 'nemən]
trem (m)	trein (de)	[trɛjn]
estação (f) de trem	station (het)	[sta'tsjɔn]

57. Turismo

monumento (m)	monument (het)	[mɔnʉ'mɛnt]
fortaleza (f)	vesting (de)	['vɛstiŋ]
palácio (m)	paleis (het)	[pa'lɛjs]
castelo (m)	kasteel (het)	[kas'tēl]
torre (f)	toren (de)	['tɔrən]
mausoléu (m)	mausoleum (het)	[mauzɔ'leum]

arquitetura (f)	architectuur (de)	[arʃitək'tūr]
medieval (adj)	middeleeuws	['midəlēws]
antigo (adj)	oud	['aut]
nacional (adj)	nationaal	[natsjɔ'nāl]
famoso, conhecido (adj)	bekend	[bə'kɛnt]

| turista (m) | toerist (de) | [tu'rist] |
| guia (pessoa) | gids (de) | [xits] |

excursão (f)	rondleiding (de)	['rɔntlɛjdiŋ]
mostrar (vt)	tonen	['tonən]
contar (vt)	vertellen	[vər'tɛlən]

encontrar (vt)	vinden	['vindən]
perder-se (vr)	verdwalen	[vərd'walən]
mapa (~ do metrô)	plattegrond (de)	['platə·xrɔnt]
mapa (~ da cidade)	plattegrond (de)	['platə·xrɔnt]

lembrança (f), presente (m)	souvenir (het)	[suve'nir]
loja (f) de presentes	souvenirwinkel (de)	[suve'nir·'winkəl]
tirar fotos, fotografar	foto's maken	['fotɔs 'makən]
fotografar-se (vr)	zich laten fotograferen	[zih 'latən fotɔxra'ferən]

58. Compras

comprar (vt)	kopen	['kɔpən]
compra (f)	aankoop (de)	['ānkɔp]
fazer compras	winkelen	['winkelən]
compras (f pl)	winkelen (het)	['winkelən]

estar aberta (loja)	open zijn	['ɔpən zɛjn]
estar fechada	gesloten zijn	[xə'slɔtən zɛjn]

calçado (m)	schoeisel (het)	['sxuisəl]
roupa (f)	kleren (mv.)	['klerən]
cosméticos (m pl)	cosmetica (mv.)	[kɔs'metika]
alimentos (m pl)	voedingswaren	['vudiŋs·warən]
presente (m)	geschenk (het)	[xə'sxɛnk]

vendedor (m)	verkoper (de)	[vər'kɔpər]
vendedora (f)	verkoopster (de)	[vər'kōpstər]

caixa (f)	kassa (de)	['kasa]
espelho (m)	spiegel (de)	['spixəl]
balcão (m)	toonbank (de)	['tōn·bank]
provador (m)	paskamer (de)	['pas·kamər]

provar (vt)	aanpassen	['ānpasən]
servir (roupa, caber)	passen	['pasən]
gostar (apreciar)	bevallen	[bə'valən]

preço (m)	prijs (de)	[prɛjs]
etiqueta (f) de preço	prijskaartje (het)	['prɛjs·'kārtʃə]
custar (vt)	kosten	['kɔstən]
Quanto?	Hoeveel?	[hu'vēl]
desconto (m)	korting (de)	['kɔrtiŋ]

não caro (adj)	niet duur	[nit dūr]
barato (adj)	goedkoop	[xut'kōp]
caro (adj)	duur	[dūr]
É caro	Dat is duur.	[dat is 'dūr]
aluguel (m)	verhuur (de)	[vər'hūr]
alugar (roupas, etc.)	huren	['hʉrən]

| crédito (m) | krediet (het) | [kre'dit] |
| a crédito | op krediet | [ɔp kre'dit] |

59. Dinheiro

dinheiro (m)	geld (het)	[xɛlt]
câmbio (m)	ruil (de)	[rœʏl]
taxa (f) de câmbio	koers (de)	[kurs]
caixa (m) eletrônico	geldautomaat (de)	[xɛlt·autɔ'māt]
moeda (f)	muntstuk (de)	['mʉntstʉk]

| dólar (m) | dollar (de) | ['dɔlar] |
| euro (m) | euro (de) | [ørɔ] |

lira (f)	lire (de)	['lirə]
marco (m)	Duitse mark (de)	['dœʏtsə mark]
franco (m)	frank (de)	[frank]
libra (f) esterlina	pond sterling (het)	[pɔnt 'stɛrliŋ]
iene (m)	yen (de)	[jen]

dívida (f)	schuld (de)	[sxʉlt]
devedor (m)	schuldenaar (de)	['sxʉldənār]
emprestar (vt)	uitlenen	['œʏtlənən]
pedir emprestado	lenen	['lenən]

banco (m)	bank (de)	[bank]
conta (f)	bankrekening (de)	[bank·'rekəniŋ]
depositar (vt)	storten	['stɔrtən]
depositar na conta	op rekening storten	[ɔp 'rekəniŋ 'stɔrtən]
sacar (vt)	opnemen	['ɔpnemən]

cartão (m) de crédito	kredietkaart (de)	[kre'dit·kärt]
dinheiro (m) vivo	baar geld (het)	[bār 'xɛlt]
cheque (m)	cheque (de)	[ʃɛk]
passar um cheque	een cheque uitschrijven	[en ʃɛk œʏt'sxrɛjvən]
talão (m) de cheques	chequeboekje (het)	[ʃɛk·'bukjə]

carteira (f)	portefeuille (de)	[pɔrtə'fœʏə]
niqueleira (f)	geldbeugel (de)	[xɛlt·'bøxəl]
cofre (m)	safe (de)	[sef]

herdeiro (m)	erfgenaam (de)	['ɛrfxənām]
herança (f)	erfenis (de)	['ɛrfənis]
fortuna (riqueza)	fortuin (het)	[fɔr'tœʏn]

arrendamento (m)	huur (de)	[hūr]
aluguel (pagar o ~)	huurprijs (de)	['hūr·prɛjs]
alugar (vt)	huren	['hʉrən]

preço (m)	prijs (de)	[prɛjs]
custo (m)	kostprijs (de)	['kɔstprɛjs]
soma (f)	som (de)	[sɔm]
gastar (vt)	uitgeven	['œʏtxevən]
gastos (m pl)	kosten	['kɔstən]

economizar (vi)	**bezuinigen**	[bə'zœʏnəxən]
econômico (adj)	**zuinig**	['zœʏnəx]
pagar (vt)	**betalen**	[bə'talən]
pagamento (m)	**betaling (de)**	[bə'taliŋ]
troco (m)	**wisselgeld (het)**	['wisəl·xɛlt]
imposto (m)	**belasting (de)**	[bə'lastiŋ]
multa (f)	**boete (de)**	['butə]
multar (vt)	**beboeten**	[bə'butən]

60. Correios. Serviço postal

agência (f) dos correios	**postkantoor (het)**	[post·kan'tõr]
correio (m)	**post (de)**	[post]
carteiro (m)	**postbode (de)**	['post·bodə]
horário (m)	**openingsuren**	['ɔpəniŋs·ʉrən]
carta (f)	**brief (de)**	[brif]
carta (f) registada	**aangetekende brief (de)**	['ãnxə'tekəndə brif]
cartão (m) postal	**briefkaart (de)**	['brif·kãrt]
telegrama (m)	**telegram (het)**	[teləx'ram]
encomenda (f)	**postpakket (het)**	[postpa'ket]
transferência (f) de dinheiro	**overschrijving (de)**	[ovər'sxrɛjviŋ]
receber (vt)	**ontvangen**	[ont'faŋən]
enviar (vt)	**sturen**	['stʉrən]
envio (m)	**verzending (de)**	[vər'zɛndiŋ]
endereço (m)	**adres (het)**	[ad'rɛs]
código (m) postal	**postcode (de)**	['post·kodə]
remetente (m)	**verzender (de)**	[vər'zɛndər]
destinatário (m)	**ontvanger (de)**	[ont'faŋər]
nome (m)	**naam (de)**	[nãm]
sobrenome (m)	**achternaam (de)**	['axtər·nãm]
tarifa (f)	**tarief (het)**	[ta'rif]
ordinário (adj)	**standaard**	['standãrt]
econômico (adj)	**zuinig**	['zœʏnəx]
peso (m)	**gewicht (het)**	[xə'wixt]
pesar (estabelecer o peso)	**afwegen**	['afwexən]
envelope (m)	**envelop (de)**	[ɛnve'lɔp]
selo (m) postal	**postzegel (de)**	['post·zexəl]
colar o selo	**een postzegel plakken op**	[en post'zexəl 'plakən ɔp]

Moradia. Casa. Lar

61. Casa. Eletricidade

eletricidade (f)	elektriciteit (de)	[ɛlɛktrisi'tɛjt]
lâmpada (f)	lamp (de)	[lamp]
interruptor (m)	schakelaar (de)	['sxakəlãr]
fusível, disjuntor (m)	zekering (de)	['zekəriŋ]
fio, cabo (m)	draad (de)	[drãt]
instalação (f) elétrica	bedrading (de)	[bə'dradiŋ]
medidor (m) de eletricidade	elektriciteitsmeter (de)	[ɛlɛktrisi'tɛjt·'metər]
indicação (f), registro (m)	gegevens	[xə'xevəns]

62. Moradia. Mansão

casa (f) de campo	landhuisje (het)	['lant·hœyɕə]
vila (f)	villa (de)	['vila]
ala (~ do edifício)	vleugel (de)	['vløxəl]
jardim (m)	tuin (de)	['tœyn]
parque (m)	park (het)	[park]
estufa (f)	oranjerie (de)	[ɔranʒɛ'ri]
cuidar de …	onderhouden	['ɔndər'haudən]
piscina (f)	zwembad (het)	['zwɛm·bat]
academia (f) de ginástica	gym (het)	[ʒim]
quadra (f) de tênis	tennisveld (het)	['tɛnis·vɛlt]
cinema (m)	bioscoopkamer (de)	[bio'skõp·'kamər]
garagem (f)	garage (de)	[xa'raʒə]
propriedade (f) privada	privé-eigendom (het)	[pri've-'ɛjxəndɔm]
terreno (m) privado	eigen terrein (het)	['ɛjxən te'rɛjn]
advertência (f)	waarschuwing (de)	['wãrsxjuviŋ]
sinal (m) de aviso	waarschuwingsbord (het)	['wãrsxjuviŋs·bɔrt]
guarda (f)	bewaking (de)	[bə'wakiŋ]
guarda (m)	bewaker (de)	[bə'wakər]
alarme (m)	inbraakalarm (het)	['inbrãk·a'larm]

63. Apartamento

apartamento (m)	appartement (het)	[apartə'mɛnt]
quarto, cômodo (m)	kamer (de)	['kamər]
quarto (m) de dormir	slaapkamer (de)	['slãp·kamər]

sala (f) de jantar	eetkamer (de)	[ēt·'kamər]
sala (f) de estar	salon (de)	[sa'lɔn]
escritório (m)	studeerkamer (de)	[stu'dēr·'kamər]

sala (f) de entrada	gang (de)	[xaŋ]
banheiro (m)	badkamer (de)	['bat·kamər]
lavabo (m)	toilet (het)	[tua'lɛt]

teto (m)	plafond (het)	[pla'fɔnt]
chão, piso (m)	vloer (de)	[vlur]
canto (m)	hoek (de)	[huk]

64. Mobiliário. Interior

mobiliário (m)	meubels	['møbəl]
mesa (f)	tafel (de)	['tafəl]
cadeira (f)	stoel (de)	[stul]
cama (f)	bed (het)	[bɛt]

sofá, divã (m)	bankstel (het)	['bankstəl]
poltrona (f)	fauteuil (de)	[fɔ'tøj]

estante (f)	boekenkast (de)	['bukən·kast]
prateleira (f)	boekenrek (het)	['bukən·rɛk]

guarda-roupas (m)	kledingkast (de)	['kledin·kast]
cabide (m) de parede	kapstok (de)	['kapstɔk]
cabideiro (m) de pé	staande kapstok (de)	['stāndə 'kapstɔk]

cômoda (f)	commode (de)	[kɔ'mɔdə]
mesinha (f) de centro	salontafeltje (het)	[sa'lɔn·'tafəltʃə]

espelho (m)	spiegel (de)	['spixəl]
tapete (m)	tapijt (het)	[ta'pɛjt]
tapete (m) pequeno	tapijtje (het)	[ta'pɛjtʃə]

lareira (f)	haard (de)	[hārt]
vela (f)	kaars (de)	[kārs]
castiçal (m)	kandelaar (de)	['kandəlār]

cortinas (f pl)	gordijnen	[xɔr'dɛjnən]
papel (m) de parede	behang (het)	[bə'haŋ]
persianas (f pl)	jaloezie (de)	[jalu'zi]

luminária (f) de mesa	bureaulamp (de)	[bʉ'rɔ·lamp]
luminária (f) de parede	wandlamp (de)	['want·lamp]

abajur (m) de pé	staande lamp (de)	['stāndə lamp]
lustre (m)	luchter (de)	['lʉxtər]

pé (de mesa, etc.)	poot (de)	[pōt]
braço, descanso (m)	armleuning (de)	[arm·'løniŋ]
costas (f pl)	rugleuning (de)	['rʉx·'løniŋ]
gaveta (f)	la (de)	[la]

65. Quarto de dormir

roupa (f) de cama	beddengoed (het)	['bɛdən·xut]
travesseiro (m)	kussen (het)	['kʉsən]
fronha (f)	kussenovertrek (de)	['kʉsən·'ɔvərtrɛk]
cobertor (m)	deken (de)	['dekən]
lençol (m)	laken (het)	['lakən]
colcha (f)	sprei (de)	[sprɛj]

66. Cozinha

cozinha (f)	keuken (de)	['køkən]
gás (m)	gas (het)	[xas]
fogão (m) a gás	gasfornuis (het)	[xas·fɔr'nœys]
fogão (m) elétrico	elektrisch fornuis (het)	[ɛ'lɛktris fɔr'nœys]
forno (m)	oven (de)	['ɔvən]
forno (m) de micro-ondas	magnetronoven (de)	['mahnətrɔn·'ɔvən]
geladeira (f)	koelkast (de)	['kul·kast]
congelador (m)	diepvriezer (de)	[dip·'vrizər]
máquina (f) de lavar louça	vaatwasmachine (de)	['vātwas·ma'ʃinə]
moedor (m) de carne	vleesmolen (de)	['vlɛ̄s·mɔlən]
espremedor (m)	vruchtenpers (de)	['vrʉxtən·pɛrs]
torradeira (f)	toaster (de)	['tōstər]
batedeira (f)	mixer (de)	['miksər]
máquina (f) de café	koffiemachine (de)	['kɔfi·ma'ʃinə]
cafeteira (f)	koffiepot (de)	['kɔfi·pɔt]
moedor (m) de café	koffiemolen (de)	['kɔfi·mɔlən]
chaleira (f)	fluitketel (de)	['flœyt·'ketəl]
bule (m)	theepot (de)	['tē·pɔt]
tampa (f)	deksel (de/het)	['dɛksəl]
coador (m) de chá	theezeefje (het)	['tē·zefjə]
colher (f)	lepel (de)	['lepəl]
colher (f) de chá	theelepeltje (het)	[tē·'lepəltʃə]
colher (f) de sopa	eetlepel (de)	[ēt·'lepəl]
garfo (m)	vork (de)	[vɔrk]
faca (f)	mes (het)	[mɛs]
louça (f)	vaatwerk (het)	['vātwɛrk]
prato (m)	bord (het)	[bɔrt]
pires (m)	schoteltje (het)	['sxɔteltʃə]
cálice (m)	likeurglas (het)	[li'kør·xlas]
copo (m)	glas (het)	[xlas]
xícara (f)	kopje (het)	['kɔpjə]
açucareiro (m)	suikerpot (de)	[sœykər·pɔt]
saleiro (m)	zoutvat (het)	['zaut·vat]
pimenteiro (m)	pepervat (het)	['pepər·vat]

manteigueira (f)	boterschaaltje (het)	['botər·'sxāltʃe]
panela (f)	pan (de)	[pan]
frigideira (f)	bakpan (de)	['bak·pan]
concha (f)	pollepel (de)	[pɔl·'lepəl]
coador (m)	vergiet (de/het)	[vər'xit]
bandeja (f)	dienblad (het)	['dinblat]

garrafa (f)	fles (de)	[fles]
pote (m) de vidro	glazen pot (de)	['xlazən pɔt]
lata (~ de cerveja)	blik (het)	[blik]

abridor (m) de garrafa	flesopener (de)	[fles·'ɔpənər]
abridor (m) de latas	blikopener (de)	[blik·'ɔpənər]
saca-rolhas (m)	kurkentrekker (de)	['kʉrkən·'trɛkər]
filtro (m)	filter (de/het)	['filtər]
filtrar (vt)	filteren	['filtərən]

| lixo (m) | huisvuil (het) | ['hœysvœyl] |
| lixeira (f) | vuilnisemmer (de) | ['vœylnis·'ɛmər] |

67. Casa de banho

banheiro (m)	badkamer (de)	['bat·kamər]
água (f)	water (het)	['watər]
torneira (f)	kraan (de)	[krān]
água (f) quente	warm water (het)	[warm 'watər]
água (f) fria	koud water (het)	['kaut 'watər]

pasta (f) de dente	tandpasta (de)	['tand·pasta]
escovar os dentes	tanden poetsen	['tandən 'putsən]
escova (f) de dente	tandenborstel (de)	['tandən·'bɔrstəl]

barbear-se (vr)	zich scheren	[zix 'sxerən]
espuma (f) de barbear	scheercrème (de)	[sxēr·krɛ:m]
gilete (f)	scheermes (het)	['sxēr·mɛs]

lavar (vt)	wassen	['wasən]
tomar banho	een bad nemen	[en bat 'nemən]
chuveiro (m), ducha (f)	douche (de)	[duʃ]
tomar uma ducha	een douche nemen	[en duʃ 'nemən]

banheira (f)	bad (het)	[bat]
vaso (m) sanitário	toiletpot (de)	[tua'lɛt·pɔt]
pia (f)	wastafel (de)	['was·tafəl]

| sabonete (m) | zeep (de) | [zēp] |
| saboneteira (f) | zeepbakje (het) | ['zēp·bakjə] |

esponja (f)	spons (de)	[spɔns]
xampu (m)	shampoo (de)	['ʃʌmpō]
toalha (f)	handdoek (de)	['handuk]
roupão (m) de banho	badjas (de)	['batjas]
lavagem (f)	was (de)	[was]
lavadora (f) de roupas	wasmachine (de)	['was·ma'ʃinə]

| lavar a roupa | de was doen | [də was dun] |
| detergente (m) | waspoeder (de) | ['was·'pudər] |

68. Eletrodomésticos

televisor (m)	televisie (de)	[telə'vizi]
gravador (m)	cassettespeler (de)	[ka'sɛtə·'spelər]
videogravador (m)	videorecorder (de)	['videɔ·re'kɔrdər]
rádio (m)	radio (de)	['radiɔ]
leitor (m)	speler (de)	['spelər]

projetor (m)	videoprojector (de)	['videɔ·prɔ'jektɔr]
cinema (m) em casa	home theater systeem (het)	[hɔm te'jatər si'stēm]
DVD Player (m)	DVD-speler (de)	[deve'de-'spelər]
amplificador (m)	versterker (de)	[vər'stɛrkər]
console (f) de jogos	spelconsole (de)	['spɛl·kɔn'sɔlə]

câmera (f) de vídeo	videocamera (de)	['videɔ·'kamərə]
máquina (f) fotográfica	fotocamera (de)	['fotɔ·'kamərə]
câmera (f) digital	digitale camera (de)	[dixi'talə 'kamərə]

aspirador (m)	stofzuiger (de)	['stɔf·zœɣxər]
ferro (m) de passar	strijkijzer (het)	['strɛjk·ɛjzər]
tábua (f) de passar	strijkplank (de)	['strɛjk·plank]

telefone (m)	telefoon (de)	[telə'fōn]
celular (m)	mobieltje (het)	[mɔ'biltʃe]
máquina (f) de escrever	schrijfmachine (de)	['sxrɛjf·ma'ʃinə]
máquina (f) de costura	naaimachine (de)	['nāj·ma'ʃinə]

microfone (m)	microfoon (de)	[mikrɔ'fōn]
fone (m) de ouvido	koptelefoon (de)	['kɔp·telə'fōn]
controle remoto (m)	afstandsbediening (de)	['afstants·bə'diniŋ]

CD (m)	CD (de)	[se'de]
fita (f) cassete	cassette (de)	[ka'sɛtə]
disco (m) de vinil	vinylplaat (de)	[vi'nil·plāt]

ATIVIDADES HUMANAS

Emprego. Negócios. Parte 1

69. Escritório. O trabalho no escritório

escritório (~ de advogados)	kantoor (het)	[kan'tõr]
escritório (do diretor, etc.)	kamer (de)	['kamər]
recepção (f)	receptie (de)	[re'sɛpsi]
secretário (m)	secretaris (de)	[sekre'taris]
secretária (f)	secretaresse (de)	[sekreta'rɛsə]

diretor (m)	directeur (de)	[dirɛk'tør]
gerente (m)	manager (de)	['mɛnədʒər]
contador (m)	boekhouder (de)	[buk 'haudər]
empregado (m)	werknemer (de)	['wɛrknemər]

mobiliário (m)	meubilair (het)	['møbi'lɛr]
mesa (f)	tafel (de)	['tafəl]
cadeira (f)	bureaustoel (de)	[bʉ'rɔ·stul]
gaveteiro (m)	ladeblok (het)	['ladə·blɔk]
cabideiro (m) de pé	kapstok (de)	['kapstɔk]

computador (m)	computer (de)	[kɔm'pjutər]
impressora (f)	printer (de)	['printər]
fax (m)	fax (de)	[faks]
fotocopiadora (f)	kopieerapparaat (het)	[kɔpi'ēr·apa'rāt]

papel (m)	papier (het)	[pa'pir]
artigos (m pl) de escritório	kantoorartikelen	[kan'tõr·ar'tikelən]
tapete (m) para mouse	muismat (de)	['mœʏs·mat]
folha (f)	blad (het)	[blat]
pasta (f)	ordner (de)	['ɔrdnər]

catálogo (m)	catalogus (de)	[ka'talɔgʉs]
lista (f) telefônica	telefoongids (de)	[telə'fõn·xits]
documentação (f)	documentatie (de)	[dɔkʉmen'tatsi]
brochura (f)	brochure (de)	[brɔ'ʃʉrə]
panfleto (m)	flyer (de)	['flajər]
amostra (f)	monster (het), staal (de)	['mɔnstər], [stāl]

formação (f)	training (de)	['trɛjniŋ]
reunião (f)	vergadering (de)	[vər'xadəriŋ]
hora (f) de almoço	lunchpauze (de)	['lʉnʃ·'pauzə]

fazer uma cópia	een kopie maken	[en kɔ'pi 'makən]
tirar cópias	de kopieën maken	[de kɔ'piɛn makən]
receber um fax	een fax ontvangen	[en faks ɔnt'vaŋən]
enviar um fax	een fax versturen	[en faks vər'stʉrən]

fazer uma chamada	**opbellen**	['ɔpbelən]
responder (vt)	**antwoorden**	['antwõrdən]
passar (vt)	**doorverbinden**	['dõrvər'bindən]

marcar (vt)	**afspreken**	['afsprekən]
demonstrar (vt)	**demonstreren**	[demɔn'strerən]
estar ausente	**absent zijn**	[ap'sɛnt zɛjn]
ausência (f)	**afwezigheid (de)**	['afwezəxhɛjt]

70. Processos negociais. Parte 1

negócio (m)	**bedrijf (het)**	[bə'drɛjf]
ocupação (f)	**zaak (de), beroep (het)**	[zãk], [bə'rup]
firma, empresa (f)	**firma (de)**	['firma]
companhia (f)	**bedrijf (het)**	[bə'drɛjf]
corporação (f)	**corporatie (de)**	[kɔrpɔ'ratsi]
empresa (f)	**onderneming (de)**	['ɔndər'nemiŋ]
agência (f)	**agentschap (het)**	[a'xɛntsxap]

acordo (documento)	**overeenkomst (de)**	[ɔvər'ēnkɔmst]
contrato (m)	**contract (het)**	[kɔn'trakt]
acordo (transação)	**transactie (de)**	[tran'saksi]
pedido (m)	**bestelling (de)**	[bə'stɛliŋ]
termos (m pl)	**voorwaarde (de)**	['võrwãrdə]

por atacado	**in het groot**	[in ət xrõt]
por atacado (adj)	**groothandels-**	[xrõt·'handəls]
venda (f) por atacado	**groothandel (de)**	[xrõt·'handəl]
a varejo	**kleinhandels-**	[klɛjn·'handəls]
venda (f) a varejo	**kleinhandel (de)**	[klɛjn·'handəl]

concorrente (m)	**concurrent (de)**	[kɔnkju'rɛnt]
concorrência (f)	**concurrentie (de)**	[kɔnkju'rɛntsi]
competir (vi)	**concurreren**	[kɔnkju'rerən]

sócio (m)	**partner (de)**	['partnər]
parceria (f)	**partnerschap (het)**	['partnərsxap]

crise (f)	**crisis (de)**	['krisis]
falência (f)	**bankroet (het)**	[bank'rut]
entrar em falência	**bankroet gaan**	[bank'rut xãn]
dificuldade (f)	**moeilijkheid (de)**	['mujləkhɛjt]
problema (m)	**probleem (het)**	[prɔ'blēm]
catástrofe (f)	**catastrofe (de)**	[kata'strɔfə]

economia (f)	**economie (de)**	[ɛkonɔ'mi]
econômico (adj)	**economisch**	[ɛko'nɔmis]
recessão (f) econômica	**economische recessie (de)**	[ɛkɔ'nɔmisə rɛ'sɛsi]

objetivo (m)	**doel (het)**	[dul]
tarefa (f)	**taak (de)**	[tãk]

comerciar (vi, vt)	**handelen**	['handelən]
rede (de distribuição)	**netwerk (het)**	['nɛtwɛrk]

| estoque (m) | voorraad (de) | ['vōr·rāt] |
| sortimento (m) | assortiment (het) | [asɔrti'mɛnt] |

líder (m)	leider (de)	['lɛjdər]
grande (~ empresa)	groot	[xrōt]
monopólio (m)	monopolie (het)	[mɔnɔ'pɔli]

teoria (f)	theorie (de)	[teɔ'ri]
prática (f)	praktijk (de)	[prak'tɛjk]
experiência (f)	ervaring (de)	[ɛr'variŋ]
tendência (f)	tendentie (de)	[ten'dɛnsi]
desenvolvimento (m)	ontwikkeling (de)	[ɔnt'wikəliŋ]

71. Processos negociais. Parte 2

| rentabilidade (f) | voordeel (het) | ['vōrdēl] |
| rentável (adj) | voordelig | [vōr'deləx] |

delegação (f)	delegatie (de)	[dele'xatsi]
salário, ordenado (m)	salaris (het)	[sa'laris]
corrigir (~ um erro)	corrigeren	[kɔri'dʒɛrən]
viagem (f) de negócios	zakenreis (de)	['zakən·rɛjs]
comissão (f)	commissie (de)	[kɔ'misi]

controlar (vt)	controleren	[kɔntrɔ'lerən]
conferência (f)	conferentie (de)	[kɔnfə'rɛntsi]
licença (f)	licentie (de)	[li'sɛntsi]
confiável (adj)	betrouwbaar	[bə'traubār]

empreendimento (m)	aanzet (de)	['ānzɛt]
norma (f)	norm (de)	[nɔrm]
circunstância (f)	omstandigheid (de)	[ɔm'standəxhɛjt]
dever (do empregado)	taak, plicht (de)	[tāk], [plixt]

empresa (f)	organisatie (de)	[ɔrxani'zatsi]
organização (f)	organisatie (de)	[ɔrxani'zatsi]
organizado (adj)	georganiseerd	[xeorxani'zērt]
anulação (f)	afzegging (de)	['afzɛxiŋ]
anular, cancelar (vt)	afzeggen	['afzɛxən]
relatório (m)	verslag (het)	[vər'slax]

patente (f)	patent (het)	[pa'tɛnt]
patentear (vt)	patenteren	[patɛn'terən]
planejar (vt)	plannen	['planən]

bônus (m)	premie (de)	['premi]
profissional (adj)	professioneel	[prɔfesiɔ'nēl]
procedimento (m)	procedure (de)	[prɔsə'dʉrə]

examinar (~ a questão)	onderzoeken	['ɔndər'zukən]
cálculo (m)	berekening (de)	[bə'rekəniŋ]
reputação (f)	reputatie (de)	[repʉ'tatsi]
risco (m)	risico (het)	['rizikɔ]
dirigir (~ uma empresa)	beheren	[bə'herən]

informação (f)	informatie (de)	[infɔr'matsi]
propriedade (f)	eigendom (het)	['ɛjxəndɔm]
união (f)	unie (de)	['juni]

seguro (m) de vida	levensverzekering (de)	['levəns·vər'zekəriŋ]
fazer um seguro	verzekeren	[vər'zekərən]
seguro (m)	verzekering (de)	[vər'zekəriŋ]

leilão (m)	veiling (de)	['vɛjliŋ]
notificar (vt)	verwittigen	[vər'witixən]
gestão (f)	beheer (het)	[bə'hẽr]
serviço (indústria de ~s)	dienst (de)	[dinst]

fórum (m)	forum (het)	['fɔrʉm]
funcionar (vi)	functioneren	[fʉnktsiɔ'nerən]
estágio (m)	stap, etappe (de)	[stap], [e'tapə]
jurídico, legal (adj)	juridisch	[ju'ridis]
advogado (m)	jurist (de)	[ju'rist]

72. Produção. Trabalhos

usina (f)	fabriek (de)	[fab'rik]
fábrica (f)	fabriek (de)	[fab'rik]
oficina (f)	werkplaatsruimte (de)	['wɛrkplāts·'rœvmtə]
local (m) de produção	productielocatie (de)	[prɔ'dʉktsi·lɔ'katsi]

indústria (f)	industrie (de)	[indʉs'tri]
industrial (adj)	industrieel	[indʉstri'ẽl]
indústria (f) pesada	zware industrie (de)	['zwarə indʉs'tri]
indústria (f) ligeira	lichte industrie (de)	['lixtə indʉs'tri]

produção (f)	productie (de)	[prɔ'dʉksi]
produzir (vt)	produceren	[prɔdʉ'serən]
matérias-primas (f pl)	grondstof (de)	['xrɔnt·stɔf]

chefe (m) de obras	voorman, ploegbaas (de)	['võrman], ['pluxbās]
equipe (f)	ploeg (de)	[plux]
operário (m)	arbeider (de)	['arbɛjdər]

dia (m) de trabalho	werkdag (de)	['wɛrk·dax]
intervalo (m)	pauze (de)	['pauzə]
reunião (f)	samenkomst (de)	['samənkɔmst]
discutir (vt)	bespreken	[bə'sprekən]

plano (m)	plan (het)	[plan]
cumprir o plano	het plan uitvoeren	[ət plan œyt'vurən]
taxa (f) de produção	productienorm (de)	[prɔ'dʉktsi·nɔrm]
qualidade (f)	kwaliteit (de)	[kwali'tɛjt]
controle (m)	controle (de)	[kɔn'trɔlə]
controle (m) da qualidade	kwaliteitscontrole (de)	['kwali'tɛjts·kɔn'trɔlə]

segurança (f) no trabalho	arbeidsveiligheid (de)	['arbɛjds·'vɛjləxhɛjt]
disciplina (f)	discipline (de)	[disip'linə]
infração (f)	overtreding (de)	[ɔvər'trediŋ]

violar (as regras)	overtreden	[ɔvər'tredən]
greve (f)	staking (de)	['stakiŋ]
grevista (m)	staker (de)	['stakər]
estar em greve	staken	['stakən]
sindicato (m)	vakbond (de)	['vakbɔnt]

inventar (vt)	uitvinden	['œytvindən]
invenção (f)	uitvinding (de)	['œytvindiŋ]
pesquisa (f)	onderzoek (het)	['ɔndərzuk]
melhorar (vt)	verbeteren	[vər'betərən]
tecnologia (f)	technologie (de)	[tɛxnɔlɔ'ʒi]
desenho (m) técnico	technische tekening (de)	['tɛxnisə 'tekəniŋ]

carga (f)	vracht (de)	[vraxt]
carregador (m)	lader (de)	['ladər]
carregar (o caminhão, etc.)	laden	['ladən]
carregamento (m)	laden (het)	['ladən]
descarregar (vt)	lossen	['lɔsən]
descarga (f)	lossen (het)	['lɔsən]

transporte (m)	transport (het)	[trans'pɔrt]
companhia (f) de transporte	transportbedrijf (de)	[trans'pɔrt·bəd'rɛjf]
transportar (vt)	transporteren	[transpɔr'terən]

vagão (m) de carga	goederenwagon (de)	['xudərən·wa'xɔn]
tanque (m)	tank (de)	[tank]
caminhão (m)	vrachtwagen (de)	['vraht·'waxən]

máquina (f) operatriz	machine (de)	[ma'ʃinə]
mecanismo (m)	mechanisme (het)	[mexa'nismə]

resíduos (m pl) industriais	industrieel afval (het)	[industri'ēl 'afval]
embalagem (f)	verpakking (de)	[vər'pakiŋ]
embalar (vt)	verpakken	[vər'pakən]

73. Contrato. Acordo

contrato (m)	contract (het)	[kɔn'trakt]
acordo (m)	overeenkomst (de)	[ɔvər'ēnkɔmst]
adendo, anexo (m)	bijlage (de)	['bɛjlaxə]

assinar o contrato	een contract sluiten	[en kɔn'trakt 'slœytən]
assinatura (f)	handtekening (de)	['hand·'tekəniŋ]
assinar (vt)	ondertekenen	['ɔndər'tekənən]
carimbo (m)	stempel (de)	['stɛmpəl]

objeto (m) do contrato	voorwerp (het) van de overeenkomst	['vōrwərp van də ɔvə'rēnkɔmst]
cláusula (f)	clausule (de)	[klau'zʉlə]
partes (f pl)	partijen	[par'tɛjən]
domicílio (m) legal	vestigingsadres (het)	['vɛstəhiŋs·a'drɛs]

violar o contrato	het contract verbreken	[ət kɔn'trakt vər'brekən]
obrigação (f)	verplichting (de)	[vər'plixtiŋ]

responsabilidade (f)	verantwoordelijkheid (de)	[vərant·'wōrdələk 'hɛjt]
força (f) maior	overmacht (de)	['ɔvərmaxt]
litígio (m), disputa (f)	geschil (het)	[xə'sxil]
multas (f pl)	sancties	['sanksis]

74. Importação & Exportação

importação (f)	import (de)	['impɔrt]
importador (m)	importeur (de)	[impɔr'tør]
importar (vt)	importeren	[impɔr'terən]
de importação	import-	['impɔrt]
exportação (f)	uitvoer (de)	['œʏtvur]
exportador (m)	exporteur (de)	[ɛkspɔr'tør]
exportar (vt)	exporteren	[ɛkspɔr'terən]
de exportação	uitvoer-	['œʏtvur]
mercadoria (f)	goederen	['xudərən]
lote (de mercadorias)	partij (de)	[par'tɛj]
peso (m)	gewicht (het)	[xə'wixt]
volume (m)	volume (het)	[vɔ'lʉmə]
metro (m) cúbico	kubieke meter (de)	[kʉ'bikə 'metər]
produtor (m)	producent (de)	[prɔdʉ'sɛnt]
companhia (f) de transporte	transportbedrijf (de)	[trans'pɔrt·bəd'rɛjf]
contêiner (m)	container (de)	[kɔn'tenər]
fronteira (f)	grens (de)	[xrɛns]
alfândega (f)	douane (de)	[du'anə]
taxa (f) alfandegária	douanerecht (het)	[du'anə·rɛxt]
funcionário (m) da alfândega	douanier (de)	[dua'njē]
contrabando (atividade)	smokkelen (het)	['smɔkələn]
contrabando (produtos)	smokkelwaar (de)	['smɔkəl·wār]

75. Finanças

ação (f)	aandeel (het)	['āndēl]
obrigação (f)	obligatie (de)	[ɔbli'xatsi]
nota (f) promissória	wissel (de)	['wisəl]
bolsa (f) de valores	beurs (de)	['børs]
cotação (m) das ações	aandelenkoers (de)	['āndələn·kurs]
tornar-se mais barato	dalen	['dalən]
tornar-se mais caro	stijgen	['stɛjxən]
parte (f)	deel (het)	[dēl]
participação (f) majoritária	meerderheidsbelang (het)	['mērdərhɛjts·bə'laŋ]
investimento (m)	investeringen	[invɛ'steriŋən]
investir (vt)	investeren	[invɛ'sterən]

porcentagem (f)	procent (het)	[prɔ'sɛnt]
juros (m pl)	rente (de)	['rentə]
lucro (m)	winst (de)	[winst]
lucrativo (adj)	winstgevend	[winst'xevənt]
imposto (m)	belasting (de)	[bə'lastiŋ]
divisa (f)	valuta (de)	[va'lʉta]
nacional (adj)	nationaal	[natsjɔ'nãl]
câmbio (m)	ruil (de)	[rœyl]
contador (m)	boekhouder (de)	[buk 'haudər]
contabilidade (f)	boekhouding (de)	[buk 'haudiŋ]
falência (f)	bankroet (het)	[bank'rut]
falência, quebra (f)	ondergang (de)	['ɔndərxaŋ]
ruína (f)	faillissement (het)	[fajɪs'mɛnt]
estar quebrado	geruïneerd zijn	[xərui'nẽrt zɛjn]
inflação (f)	inflatie (de)	[in'flatsi]
desvalorização (f)	devaluatie (de)	[devalj'vatsi]
capital (m)	kapitaal (het)	[kapi'tãl]
rendimento (m)	inkomen (het)	['inkɔmən]
volume (m) de negócios	omzet (de)	['ɔmzɛt]
recursos (m pl)	middelen	['midələn]
recursos (m pl) financeiros	financiële middelen	[finansi'elə 'midələn]
despesas (f pl) gerais	operationele kosten	[ɔpe'ratsjɔnələ 'kɔstən]
reduzir (vt)	reduceren	[redʉ'serən]

76. Marketing

marketing (m)	marketing (de)	['marketiŋ]
mercado (m)	markt (de)	[markt]
segmento (m) do mercado	marktsegment (het)	['markt·sɛx'mɛnt]
produto (m)	product (het)	[prɔ'dʉkt]
mercadoria (f)	goederen	['xudərən]
marca (f)	merk (het)	[mɛrk]
marca (f) registrada	handelsmerk (het)	['handəls·mɛrk]
logotipo (m)	beeldmerk (het)	['bẽlt·mɛrk]
logo (m)	logo (het)	['lɔxɔ]
demanda (f)	vraag (de)	[vrãx]
oferta (f)	aanbod (het)	['ãmbɔt]
necessidade (f)	behoefte (de)	[bə'huftə]
consumidor (m)	consument (de)	[kɔnsʉ'mɛnt]
análise (f)	analyse (de)	[ana'lizə]
analisar (vt)	analyseren	[anali'zerən]
posicionamento (m)	positionering (de)	[pɔzitsjɔ'neriŋ]
posicionar (vt)	positioneren	[pɔzitsjɔ'nerən]
preço (m)	prijs (de)	[prɛjs]
política (f) de preços	prijspolitiek (de)	['prɛjs·pɔli'tik]
formação (f) de preços	prijsvorming (de)	['prɛjs·'vɔrmiŋ]

77. Publicidade

publicidade (f)	reclame (de)	[re'klamə]
fazer publicidade	adverteren	[advɛr'tɛrən]
orçamento (m)	budget (het)	[bʉ'dʒɛt]
anúncio (m)	advertentie, reclame (de)	[advɛr'tɛntsi], [re'klamə]
publicidade (f) na TV	TV-reclame (de)	[te've-re'klamə]
publicidade (f) na rádio	radioreclame (de)	['radiɔ·re'klamə]
publicidade (f) exterior	buitenreclame (de)	['bœytən·rək'lamə]
comunicação (f) de massa	massamedia (de)	['masa·'media]
periódico (m)	periodiek (de)	[periɔ'dik]
imagem (f)	imago (het)	[i'maxɔ]
slogan (m)	slagzin (de)	['slax·sin]
mote (m), lema (f)	motto (het)	['mɔtɔ]
campanha (f)	campagne (de)	[kam'panjə]
campanha (f) publicitária	reclamecampagne (de)	[re'klamə·kam'panjə]
grupo (m) alvo	doelpubliek (het)	[dul·pʉ'blik]
cartão (m) de visita	visitekaartje (het)	[vi'zitə·'kārtʃə]
panfleto (m)	flyer (de)	['flajər]
brochura (f)	brochure (de)	[brɔ'ʃʉrə]
folheto (m)	folder (de)	['fɔldər]
boletim (~ informativo)	nieuwsbrief (de)	['niusbrif]
letreiro (m)	gevelreclame (de)	['xevəl·re'klamə]
cartaz, pôster (m)	poster (de)	['pɔstər]
painel (m) publicitário	aanplakbord (het)	['ānplak·'bɔrt]

78. Banca

banco (m)	bank (de)	[bank]
balcão (f)	bankfiliaal (het)	[bank·fili'āl]
consultor (m) bancário	bankbediende (de)	[bank·bə'dində]
gerente (m)	manager (de)	['mɛnədʒər]
conta (f)	bankrekening (de)	[bank·'rekəniŋ]
número (m) da conta	rekeningnummer (het)	['rekəniŋ·'nʉmər]
conta (f) corrente	lopende rekening (de)	['lɔpəndə 'rekəniŋ]
conta (f) poupança	spaarrekening (de)	['spār·'rekəniŋ]
abrir uma conta	een rekening openen	[en 'rekəniŋ 'ɔpənən]
fechar uma conta	de rekening sluiten	[də 'rekəniŋ slœytən]
depositar na conta	op rekening storten	[ɔp 'rekəniŋ 'stɔrtən]
sacar (vt)	opnemen	['ɔpnemən]
depósito (m)	storting (de)	['stɔrtiŋ]
fazer um depósito	een storting maken	[en 'stɔrtiŋ 'makən]
transferência (f) bancária	overschrijving (de)	[ɔvər'sxrɛjviŋ]

transferir (vt)	een overschrijving maken	[en ɔvər'sxrɛjviŋ 'makən]
soma (f)	som (de)	[sɔm]
Quanto?	Hoeveel?	[hu'vēl]

assinatura (f)	handtekening (de)	['hand·'tekəniŋ]
assinar (vt)	ondertekenen	['ɔndər'tekənən]

cartão (m) de crédito	kredietkaart (de)	[kre'dit·kārt]
senha (f)	code (de)	['kɔdə]
número (m) do cartão de crédito	kredietkaartnummer (het)	[kre'dit·kārt·'nʉmər]
caixa (m) eletrônico	geldautomaat (de)	[xɛlt·autɔ'māt]

cheque (m)	cheque (de)	[ʃɛk]
passar um cheque	een cheque uitschrijven	[en ʃɛk œʏt'sxrɛjvən]
talão (m) de cheques	chequeboekje (het)	[ʃɛk·'bukjə]

empréstimo (m)	lening, krediet (de)	['leniŋ], [kre'dit]
pedir um empréstimo	een lening aanvragen	[en 'leniŋ 'ānvraxən]
obter empréstimo	een lening nemen	[en 'leniŋ 'nemən]
dar um empréstimo	een lening verlenen	[en 'leniŋ vər'lenən]
garantia (f)	garantie (de)	[xa'rantsi]

79. Telefone. Conversação telefônica

telefone (m)	telefoon (de)	[telə'fōn]
celular (m)	mobieltje (het)	[mɔ'biltʃe]
secretária (f) eletrônica	antwoordapparaat (het)	['antwõrt·apa'rāt]

fazer uma chamada	bellen	['belən]
chamada (f)	belletje (het)	['beletʃe]

discar um número	een nummer draaien	[en 'nʉmər 'drājən]
Alô!	Hallo!	[ha'lɔ]
perguntar (vt)	vragen	['vraxən]
responder (vt)	antwoorden	['antwõrdən]

ouvir (vt)	horen	['hɔrən]
bem	goed	[xut]
mal	slecht	[slɛxt]
ruído (m)	storingen	['stɔriŋən]

fone (m)	hoorn (de)	[hõrn]
pegar o telefone	opnemen	['ɔpnemən]
desligar (vi)	ophangen	['ɔphaŋən]

ocupado (adj)	bezet	[bə'zɛt]
tocar (vi)	overgaan	['ɔvərxān]
lista (f) telefônica	telefoonboek (het)	[telə'fōn·buk]
local (adj)	lokaal	[lɔ'kāl]
chamada (f) local	lokaal gesprek (het)	[lɔ'kāl xesp'rɛk]
de longa distância	interlokaal	[intərlɔ'kāl]
chamada (f) de longa distância	interlokaal gesprek (het)	[intərlɔ'kāl xe'sprɛk]

| internacional (adj) | buitenlands | ['bœʏtənlants] |
| chamada (f) internacional | buitenlands gesprek (het) | ['bœʏtənlants xe'ʃprɛk] |

80. Telefone móvel

celular (m)	mobieltje (het)	[mɔ'biltʃe]
tela (f)	scherm (het)	[sxɛrm]
botão (m)	toets, knop (de)	[tuts], [knɔp]
cartão SIM (m)	simkaart (de)	['sim·kãrt]

bateria (f)	batterij (de)	[batə'rɛj]
descarregar-se (vr)	leeg zijn	[lɛ̃x zɛjn]
carregador (m)	acculader (de)	[akʉ'ladər]

| menu (m) | menu (het) | [me'nʉ] |
| configurações (f pl) | instellingen | ['instɛliŋən] |

| melodia (f) | melodie (de) | [melɔ'di] |
| escolher (vt) | selecteren | [selɛk'terən] |

calculadora (f)	rekenmachine (de)	['rekən·ma'ʃinə]
correio (m) de voz	voicemail (de)	['vɔjs·mɛjl]
despertador (m)	wekker (de)	['wɛkər]
contatos (m pl)	contacten	[kɔn'taktən]

| mensagem (f) de texto | SMS-bericht (het) | [ɛsɛ'mɛs-bə'rixt] |
| assinante (m) | abonnee (de) | [abɔ'nɛ̃] |

81. Estacionário

| caneta (f) | balpen (de) | ['bal·pən] |
| caneta (f) tinteiro | vulpen (de) | ['vʉl·pən] |

lápis (m)	potlood (het)	['pɔtlõt]
marcador (m) de texto	marker (de)	['markər]
caneta (f) hidrográfica	viltstift (de)	['vilt·stift]

| bloco (m) de notas | notitieboekje (het) | [nɔ'titsi·'bukje] |
| agenda (f) | agenda (de) | [a'xɛnda] |

régua (f)	liniaal (de/het)	[lini'ãl]
calculadora (f)	rekenmachine (de)	['rekən·ma'ʃinə]
borracha (f)	gom (de)	[xɔm]

| alfinete (m) | punaise (de) | [pʉ'nɛzə] |
| clipe (m) | paperclip (de) | ['pɛjpər·klip] |

| cola (f) | lijm (de) | [lɛjm] |
| grampeador (m) | nietmachine (de) | ['nit·ma'ʃinə] |

| furador (m) de papel | perforator (de) | [perfɔ'ratɔr] |
| apontador (m) | potloodslijper (de) | ['pɔtlõt·'slɛjpər] |

82. Tipos de negócios

serviços (m pl) de contabilidade	boekhouddiensten	['bukhaut·'dinstən]
publicidade (f)	reclame (de)	[re'klamə]
agência (f) de publicidade	reclamebureau (het)	[re'klamə·bʉ'ro]
ar (m) condicionado	airconditioning (de)	[ɛr·kɔn'diʃəniŋ]
companhia (f) aérea	luchtvaart-maatschappij (de)	['lʉxtvārt mātsxa'pɛj]
bebidas (f pl) alcoólicas	alcoholische dranken	[alkɔ'hɔlisə 'drankən]
comércio (m) de antiguidades	antiek (het)	[an'tik]
galeria (f) de arte	kunstgalerie (de)	['kʉnst·galə'ri]
serviços (m pl) de auditoria	audit diensten	['audit·'dinstən]
negócios (m pl) bancários	banken	['bankən]
bar (m)	bar (de)	[bar]
salão (m) de beleza	schoonheidssalon (de/het)	['sxõnxɛjts·sa'lɔn]
livraria (f)	boekhandel (de)	['bukən·'handəl]
cervejaria (f)	bierbrouwerij (de)	[birb·rɔuwɛ'rɛj]
centro (m) de escritórios	zakencentrum (het)	['zakən·'sɛntrʉm]
escola (f) de negócios	business school (de)	['biznes·sxõl]
cassino (m)	casino (het)	[ka'sinɔ]
construção (f)	bouwbedrijven	['baubə'drɛjvən]
consultoria (f)	adviesbureau (het)	[at'vis·bʉ'ro]
clínica (f) dentária	tandheelkunde (de)	['tand·kli'nik]
design (m)	design (het)	[di'zajn]
drogaria (f)	apotheek (de)	[apɔ'tēk]
lavanderia (f)	stomerij (de)	[stɔmɛ'rɛj]
agência (f) de emprego	uitzendbureau (het)	['œʏtzənt·by'ro]
serviços (m pl) financeiros	financiële diensten	[finansi'elə 'dinstən]
alimentos (m pl)	voedingswaren	['vudiŋs·warən]
funerária (f)	uitvaartcentrum (het)	['œʏtvārt·'sɛntrym]
mobiliário (m)	meubilair (het)	['møbi'lɛr]
roupa (f)	kleding (de)	['klediŋ]
hotel (m)	hotel (het)	[hɔ'tɛl]
sorvete (m)	ijsje (het)	['ɛisjə], ['ɛiʃə]
indústria (f)	industrie (de)	[indʉs'tri]
seguro (~ de vida, etc.)	verzekering (de)	[vər'zekəriŋ]
internet (f)	Internet (het)	['intɛrnɛt]
investimento (m)	investeringen	[invɛ'steriŋən]
joalheiro (m)	juwelier (de)	[juwe'lir]
joias (f pl)	juwelen	[ju'welən]
lavanderia (f)	wasserette (de)	[wasə'rɛtə]
assessorias (f pl) jurídicas	juridische diensten	[ju'ridisə 'dinstən]
indústria (f) ligeira	lichte industrie (de)	['lixtə indʉs'tri]
revista (f)	tijdschrift (het)	['tɛjtsxrift]
vendas (f pl) por catálogo	postorderbedrijven	['pɔst·ɔrdər·bə'drɛjvən]
medicina (f)	medicijnen	['mɛdisɛjnən]

cinema (m)	bioscoop (de)	[biɔ'skōp]
museu (m)	museum (het)	[mʉ'zejum]

agência (f) de notícias	persbureau (het)	['pɛrs·bʉrɔ]
jornal (m)	krant (de)	[krant]
boate (casa noturna)	nachtclub (de)	['naxt·klʉp]

petróleo (m)	olie (de)	['ɔli]
serviços (m pl) de remessa	koerierdienst (de)	[ku'rir·dinst]
indústria (f) farmacêutica	farmacie (de)	[farma'si]
tipografia (f)	drukkerij (de)	[drʉkə'rɛj]
editora (f)	uitgeverij (de)	[œʏtxevə'rɛj]

rádio (m)	radio (de)	['radiɔ]
imobiliário (m)	vastgoed (het)	['vastxut]
restaurante (m)	restaurant (het)	[rɛstɔ'rant]

empresa (f) de segurança	bewakingsfirma (de)	[bə'wakiŋs·'firma]
esporte (m)	sport (de)	[spɔrt]
bolsa (f) de valores	handelsbeurs (de)	['handəls·børs]
loja (f)	winkel (de)	['winkəl]
supermercado (m)	supermarkt (de)	['sʉpərmarkt]
piscina (f)	zwembad (het)	['zwɛm·bat]

alfaiataria (f)	naaiatelier (het)	[nāj·atə'lje]
televisão (f)	televisie (de)	[telə'vizi]
teatro (m)	theater (het)	[te'atər]
comércio (m)	handel (de)	['handəl]
serviços (m pl) de transporte	transport (het)	[trans'pɔrt]
viagens (f pl)	toerisme (het)	[tu'rismə]

veterinário (m)	dierenarts (de)	['dīrən·arts]
armazém (m)	magazijn (het)	[maxa'zɛjn]
recolha (f) do lixo	afvalinzameling (de)	['afval·'inzaməliŋ]

Emprego. Negócios. Parte 2

83. Espetáculo. Feira

feira, exposição (f)	beurs (de)	['børs]
feira (f) comercial	vakbeurs,	['vak'børs],
	handelsbeurs (de)	['handəls·'børs]
participação (f)	deelneming (de)	['dēlnemiŋ]
participar (vi)	deelnemen	['dēlnemən]
participante (m)	deelnemer (de)	['dēlnemər]
diretor (m)	directeur (de)	[dirɛk'tør]
direção (f)	organisatiecomité (het)	[ɔrxani'zatsi·kɔmi'tɛ]
organizador (m)	organisator (de)	[ɔrxani'zatɔr]
organizar (vt)	organiseren	[ɔrxani'zerən]
ficha (f) de inscrição	deelnemingsaanvraag (de)	['dēlnemiŋs·'ānvrāx]
preencher (vt)	invullen	['invʉlən]
detalhes (m pl)	details	[de'tajs]
informação (f)	informatie (de)	[infɔr'matsi]
preço (m)	prijs (de)	[prɛjs]
incluindo	inclusief	[inklʉ'zif]
incluir (vt)	inbegrepen	['inbəxrepən]
pagar (vt)	betalen	[bə'talən]
taxa (f) de inscrição	registratietarief (het)	[rexi'stratsi·ta'rif]
entrada (f)	ingang (de)	['inxaŋ]
pavilhão (m), salão (f)	paviljoen (het), hal (de)	[pavi'ljun], [hal]
inscrever (vt)	registreren	[rexi'strerən]
crachá (m)	badge, kaart (de)	[bɛdʒ], [kārt]
stand (m)	beursstand (de)	['børs·stant]
reservar (vt)	reserveren	[rezɛr'verən]
vitrine (f)	vitrine (de)	[vit'rinə]
lâmpada (f)	licht (het)	[lixt]
design (m)	design (het)	[di'zajn]
pôr (posicionar)	plaatsen	['plātsən]
ser colocado, -a	geplaatst zijn	[xəp'lātst zɛjn]
distribuidor (m)	distributeur (de)	[distribʉ'tør]
fornecedor (m)	leverancier (de)	[levəran'sir]
fornecer (vt)	leveren	['levərən]
país (m)	land (het)	[lant]
estrangeiro (adj)	buitenlands	['bœytənlants]
produto (m)	product (het)	[prɔ'dʉkt]
associação (f)	associatie (de)	[asɔʃi'atsi]

sala (f) de conferência	conferentiezaal (de)	[kɔnfə'rɛntsi·zãl]
congresso (m)	congres (het)	[kɔnx'res]
concurso (m)	wedstrijd (de)	['wɛtstrɛjt]

visitante (m)	bezoeker (de)	[bə'zukər]
visitar (vt)	bezoeken	[bə'zukən]
cliente (m)	afnemer (de)	['afnemər]

84. Ciência. Investigação. Cientistas

ciência (f)	wetenschap (de)	['wetənsxap]
científico (adj)	wetenschappelijk	[wetən'sxapələk]
cientista (m)	wetenschapper (de)	['wetənsxapər]
teoria (f)	theorie (de)	[teɔ'ri]

axioma (m)	axioma (het)	[aksi'ɔma]
análise (f)	analyse (de)	[ana'lizə]
analisar (vt)	analyseren	[anali'zerən]
argumento (m)	argument (het)	[arxju'mɛnt]
substância (f)	substantie (de)	[sʉp'stansi]

hipótese (f)	hypothese (de)	[hipɔ'tezə]
dilema (m)	dilemma (het)	[di'lema]
tese (f)	dissertatie (de)	[disɛr'tatsi]
dogma (m)	dogma (het)	['dɔxma]

doutrina (f)	doctrine (de)	[dɔk'trinə]
pesquisa (f)	onderzoek (het)	['ɔndərzuk]
pesquisar (vt)	onderzoeken	['ɔndər'zukən]
testes (m pl)	toetsing (de)	['tutsiŋ]
laboratório (m)	laboratorium (het)	[labɔra'tɔrijum]

método (m)	methode (de)	[me'tɔdə]
molécula (f)	molecule (de/het)	[mɔle'kʉlə]
monitoramento (m)	monitoring (de)	['mɔnitɔriŋ]
descoberta (f)	ontdekking (de)	[ɔn'dɛkiŋ]

postulado (m)	postulaat (het)	[pɔstʉ'lãt]
princípio (m)	principe (het)	[prin'sipə]
prognóstico (previsão)	voorspelling (de)	[vōr'spɛliŋ]
prognosticar (vt)	een prognose maken	[en prɔx'nɔzə 'makən]

síntese (f)	synthese (de)	[sin'tɛzə]
tendência (f)	tendentie (de)	[ten'dɛnsi]
teorema (m)	theorema (het)	[teɔ'rɛma]

ensinamentos (m pl)	leerstellingen	['lērstɛliŋən]
fato (m)	feit (het)	[fɛjt]
expedição (f)	expeditie (de)	[ɛkspe'ditsi]
experiência (f)	experiment (het)	[ɛksperi'mɛnt]

acadêmico (m)	academicus (de)	[aka'demikʉs]
bacharel (m)	bachelor (de)	['bɛtʃəlɔr]
doutor (m)	doctor (de)	['dɔktɔr]

professor (m) associado	**universitair docent (de)**	['juni.vɛrsitər dɔ'sɛnt]
mestrado (m)	**master, magister (de)**	['mastər], [ma'xistər]
professor (m)	**professor (de)**	[prɔ'fɛsɔr]

Profissões e ocupações

85. Procura de emprego. Demissão

trabalho (m)	baan (de)	[bān]
equipe (f)	werknemers	['wɛrknemərs]
pessoal (m)	personeel (het)	[pɛrsɔ'nēl]
carreira (f)	carrière (de)	[ka'rjerə]
perspectivas (f pl)	vooruitzichten	[vɔrœyt·'sixtən]
habilidades (f pl)	meesterschap (het)	['mēstər'sxap]
seleção (f)	keuze (de)	['køzə]
agência (f) de emprego	uitzendbureau (het)	['œytzənt·by'rɔ]
currículo (m)	CV, curriculum vitae (het)	[se've], [kʉ'rikʉlʉm 'vitə]
entrevista (f) de emprego	sollicitatiegesprek (het)	[sɔlisi'tatsi·xəsp'rɛk]
vaga (f)	vacature (de)	[vaka'tʉrə]
salário (m)	salaris (het)	[sa'laris]
salário (m) fixo	vaste salaris (het)	['vastə sa'laris]
pagamento (m)	loon (het)	[lōn]
cargo (m)	betrekking (de)	[bə'trɛkiŋ]
dever (do empregado)	taak, plicht (de)	[tāk], [plixt]
gama (f) de deveres	takenpakket (het)	['takən·pa'ket]
ocupado (adj)	bezig	['bezəx]
despedir, demitir (vt)	ontslagen	[ɔnt'slaxən]
demissão (f)	ontslag (het)	[ɔnt'slax]
desemprego (m)	werkloosheid (de)	[wɛrk'loshɛjt]
desempregado (m)	werkloze (de)	[wɛrk'lozə]
aposentadoria (f)	pensioen (het)	[pɛn'ʃun]
aposentar-se (vr)	met pensioen gaan	[mɛt pɛn'ʃun xān]

86. Gente de negócios

diretor (m)	directeur (de)	[dirɛk'tør]
gerente (m)	beheerder (de)	[bə'hērdər]
patrão, chefe (m)	hoofd (het)	[hōft]
superior (m)	baas (de)	[bās]
superiores (m pl)	superieuren	[sʉpə'rørən]
presidente (m)	president (de)	[prezi'dɛnt]
chairman (m)	voorzitter (de)	['vɔrzitər]
substituto (m)	adjunct (de)	[ad'junkt]
assistente (m)	assistent (de)	[asi'stɛnt]

secretário (m)	secretaris (de)	[sekre'taris]
secretário (m) pessoal	persoonlijke assistent (de)	[pɛr'sōnləkə asi'stɛnt]
homem (m) de negócios	zakenman (de)	['zakənman]
empreendedor (m)	ondernemer (de)	['ɔndər'nemər]
fundador (m)	oprichter (de)	['ɔprixtər]
fundar (vt)	oprichten	['ɔprixtən]
principiador (m)	stichter (de)	['stixtər]
parceiro, sócio (m)	partner (de)	['partnər]
acionista (m)	aandeelhouder (de)	['āndēl·haudər]
milionário (m)	miljonair (de)	[milju'nɛ:r]
bilionário (m)	miljardair (de)	[miljar'dɛ:r]
proprietário (m)	eigenaar (de)	['ɛjxənār]
proprietário (m) de terras	landeigenaar (de)	['lant·'ɛjxənār]
cliente (m)	klant (de)	[klant]
cliente (m) habitual	vaste klant (de)	['vastə klant]
comprador (m)	koper (de)	['kɔpər]
visitante (m)	bezoeker (de)	[bə'zukər]
profissional (m)	professioneel (de)	[prɔfesiɔ'nēl]
perito (m)	expert (de)	[ɛk'spɛ:r]
especialista (m)	specialist (de)	[speʃia'list]
banqueiro (m)	bankier (de)	[baŋ'kir]
corretor (m)	makelaar (de)	['makəlār]
caixa (m, f)	kassier (de)	[ka'sir]
contador (m)	boekhouder (de)	[buk 'haudər]
guarda (m)	bewaker (de)	[bə'wakər]
investidor (m)	investeerder (de)	[invɛ'stērdər]
devedor (m)	schuldenaar (de)	['sxʉldənār]
credor (m)	crediteur (de)	[krədi'tør]
mutuário (m)	lener (de)	['lenər]
importador (m)	importeur (de)	[impɔr'tør]
exportador (m)	exporteur (de)	[ɛkspɔr'tør]
produtor (m)	producent (de)	[prɔdʉ'sɛnt]
distribuidor (m)	distributeur (de)	[distribʉ'tør]
intermediário (m)	bemiddelaar (de)	[bə'midəlār]
consultor (m)	adviseur, consulent (de)	[atvi'zør], [kɔnsʉ'lent]
representante comercial	vertegenwoordiger (de)	[vər'texən·'wōrdixər]
agente (m)	agent (de)	[a'xɛnt]
agente (m) de seguros	verzekeringsagent (de)	[vər'zekəriŋs·a'xɛnt]

87. Profissões de serviços

cozinheiro (m)	kok (de)	[kɔk]
chefe (m) de cozinha	chef-kok (de)	[ʃɛf-'kɔk]

padeiro (m)	bakker (de)	['bakər]
barman (m)	barman (de)	['barman]
garçom (m)	kelner, ober (de)	['kɛlnər], ['ɔbər]
garçonete (f)	serveerster (de)	[sɛr'vɛ̄rstər]
advogado (m)	advocaat (de)	[atvɔ'kāt]
jurista (m)	jurist (de)	[ju'rist]
notário (m)	notaris (de)	[nɔ'taris]
eletricista (m)	elektricien (de)	[ɛlɛktri'sjen]
encanador (m)	loodgieter (de)	['lōtxitər]
carpinteiro (m)	timmerman (de)	['timərman]
massagista (m)	masseur (de)	[mas'sør]
massagista (f)	masseuse (de)	[mas'søzə]
médico (m)	dokter, arts (de)	['dɔktər], [arts]
taxista (m)	taxichauffeur (de)	['taksi·ʃo'før]
condutor (automobilista)	chauffeur (de)	[ʃɔ'før]
entregador (m)	koerier (de)	[ku'rir]
camareira (f)	kamermeisje (het)	['kamər·'mɛjɕə]
guarda (m)	bewaker (de)	[bə'wakər]
aeromoça (f)	stewardess (de)	[stʉwər'dɛs]
professor (m)	meester (de)	['mēstər]
bibliotecário (m)	bibliothecaris (de)	['bibliotə'kāris]
tradutor (m)	vertaler (de)	[vər'talər]
intérprete (m)	tolk (de)	[tɔlk]
guia (m)	gids (de)	[xits]
cabeleireiro (m)	kapper (de)	['kapər]
carteiro (m)	postbode (de)	['pɔst·bɔdə]
vendedor (m)	verkoper (de)	[vər'kɔpər]
jardineiro (m)	tuinman (de)	['tœyn·man]
criado (m)	huisbediende (de)	['hœys·bə'dində]
criada (f)	dienstmeisje (het)	[dinst 'mɛjɕə]
empregada (f) de limpeza	schoonmaakster (de)	['sxōn·mākstər]

88. Profissões militares e postos

soldado (m) raso	soldaat (de)	[sɔl'dāt]
sargento (m)	sergeant (de)	[sɛr'ʒant]
tenente (m)	luitenant (de)	[lœytə'nant]
capitão (m)	kapitein (de)	[kapi'tɛjn]
major (m)	majoor (de)	[ma'jōr]
coronel (m)	kolonel (de)	[kɔlɔ'nɛl]
general (m)	generaal (de)	[xenə'rāl]
marechal (m)	maarschalk (de)	['mārsxalk]
almirante (m)	admiraal (de)	[atmi'rāl]
militar (m)	militair (de)	[mili'tɛ:r]
soldado (m)	soldaat (de)	[sɔl'dāt]

oficial (m)	**officier (de)**	[ɔfi'sir]
comandante (m)	**commandant (de)**	[kɔman'dant]

guarda (m) de fronteira	**grenswachter (de)**	[xrɛns·'wahtər]
operador (m) de rádio	**marconist (de)**	[markɔ'nist]
explorador (m)	**verkenner (de)**	[vər'kenər]
sapador-mineiro (m)	**sappeur (de)**	[sa'pør]
atirador (m)	**schutter (de)**	['sxʉtər]
navegador (m)	**stuurman (de)**	['stūrman]

89. Oficiais. Padres

rei (m)	**koning (de)**	['kɔniŋ]
rainha (f)	**koningin (de)**	[kɔniŋ'in]

príncipe (m)	**prins (de)**	[prɪns]
princesa (f)	**prinses (de)**	[prin'sɛs]

czar (m)	**tsaar (de)**	[tsãr]
czarina (f)	**tsarina (de)**	[tsa'rina]

presidente (m)	**president (de)**	[prezi'dɛnt]
ministro (m)	**minister (de)**	[mi'nistər]
primeiro-ministro (m)	**eerste minister (de)**	['ērstə mi'nistər]
senador (m)	**senator (de)**	[se'natɔr]

diplomata (m)	**diplomaat (de)**	[diplɔ'mãt]
cônsul (m)	**consul (de)**	['kɔnsʉl]
embaixador (m)	**ambassadeur (de)**	[ambasa'dør]
conselheiro (m)	**adviseur (de)**	[atvi'zør]

funcionário (m)	**ambtenaar (de)**	['amtənãr]
prefeito (m)	**prefect (de)**	[pre'fɛkt]
Presidente (m) da Câmara	**burgemeester (de)**	[bʉrxə·'mēstər]

juiz (m)	**rechter (de)**	['rɛxtər]
procurador (m)	**aanklager (de)**	['ānklahər]

missionário (m)	**missionaris (de)**	[misiɔ'naris]
monge (m)	**monnik (de)**	['mɔnək]
abade (m)	**abt (de)**	[apt]
rabino (m)	**rabbi, rabbijn (de)**	['rabi], [ra'bɛjn]

vizir (m)	**vizier (de)**	[vi'zir]
xá (m)	**sjah (de)**	[ɕa]
xeique (m)	**sjeik (de)**	[ɕɛjk]

90. Profissões agrícolas

abelheiro (m)	**imker (de)**	['imkər]
pastor (m)	**herder (de)**	['hɛrdər]
agrônomo (m)	**landbouwkundige (de)**	['landbau·'kundixə]

| criador (m) de gado | veehouder (de) | ['vē·haudər] |
| veterinário (m) | dierenarts (de) | ['dīrən·arts] |

agricultor, fazendeiro (m)	landbouwer (de)	['lantbauər]
vinicultor (m)	wijnmaker (de)	['wɛjn·makər]
zoólogo (m)	zoöloog (de)	[zoo'lōx]
vaqueiro (m)	cowboy (de)	['kaubɔj]

91. Profissões artísticas

| ator (m) | acteur (de) | [ak'tør] |
| atriz (f) | actrice (de) | [akt'risə] |

| cantor (m) | zanger (de) | ['zaŋər] |
| cantora (f) | zangeres (de) | [zaŋe'rɛs] |

| bailarino (m) | danser (de) | ['dansər] |
| bailarina (f) | danseres (de) | [dansə'rɛs] |

| artista (m) | artiest (de) | [ar'tist] |
| artista (f) | artiest (de) | [ar'tist] |

músico (m)	muzikant (de)	[muzi'kant]
pianista (m)	pianist (de)	[pia'nist]
guitarrista (m)	gitarist (de)	[xita'rist]

maestro (m)	orkestdirigent (de)	[ɔr'kɛst·diri'xɛnt]
compositor (m)	componist (de)	[kɔmpo'nist]
empresário (m)	impresario (de)	[impre'sariɔ]

diretor (m) de cinema	filmregisseur (de)	[film·rexi'sør]
produtor (m)	filmproducent (de)	[film·produ'sɛnt]
roteirista (m)	scenarioschrijver (de)	[sɛ'nariɔ·'sxrɛjvər]
crítico (m)	criticus (de)	['kritikʉs]

escritor (m)	schrijver (de)	['sxrɛjvər]
poeta (m)	dichter (de)	['dixtər]
escultor (m)	beeldhouwer (de)	['bēlt·hauwər]
pintor (m)	kunstenaar (de)	['kʉnstənār]

malabarista (m)	jongleur (de)	[joŋ'lør]
palhaço (m)	clown (de)	['klaun]
acrobata (m)	acrobaat (de)	[akrɔ'bāt]
ilusionista (m)	goochelaar (de)	['xōxəlār]

92. Várias profissões

médico (m)	dokter, arts (de)	['dɔktər], [arts]
enfermeira (f)	ziekenzuster (de)	['zikən·zʉstər]
psiquiatra (m)	psychiater (de)	[psixi'atər]
dentista (m)	tandarts (de)	['tand·arts]
cirurgião (m)	chirurg (de)	[ʃi'rʉrx]

astronauta (m)	astronaut (de)	[astrɔ'naut]
astrônomo (m)	astronoom (de)	[astrɔ'nõm]
piloto (m)	piloot (de)	[pi'lõt]
motorista (m)	chauffeur (de)	[ʃɔ'før]
maquinista (m)	machinist (de)	[maʃi'nist]
mecânico (m)	mecanicien (de)	[mekani'sjen]
mineiro (m)	mijnwerker (de)	['mɛjn·wɛrkər]
operário (m)	arbeider (de)	['arbɛjdər]
serralheiro (m)	bankwerker (de)	[bank·'wɛrkər]
marceneiro (m)	houtbewerker (de)	['haut·bə'wɛrkər]
torneiro (m)	draaier (de)	['drãjər]
construtor (m)	bouwvakker (de)	['bau·'vakər]
soldador (m)	lasser (de)	['lasər]
professor (m)	professor (de)	[prɔ'fɛsɔr]
arquiteto (m)	architect (de)	[arʃi'tɛkt]
historiador (m)	historicus (de)	[hi'stɔrikʉs]
cientista (m)	wetenschapper (de)	['wetənsxapər]
físico (m)	fysicus (de)	['fisikʉs]
químico (m)	scheikundige (de)	['sxɛjkʉndəxə]
arqueólogo (m)	archeoloog (de)	[arheɔ'lõx]
geólogo (m)	geoloog (de)	[xeo'lõx]
pesquisador (cientista)	onderzoeker (de)	['ɔndər'zukər]
babysitter, babá (f)	babysitter (de)	['bɛjbisitər]
professor (m)	leraar, pedagoog (de)	['lerãr], [peda'xõx]
redator (m)	redacteur (de)	[redak'tør]
redator-chefe (m)	chef-redacteur (de)	[ʃɛf-redak'tør]
correspondente (m)	correspondent (de)	[kɔrɛspɔn'dɛnt]
datilógrafa (f)	typiste (de)	[ti'pistə]
designer (m)	designer (de)	[di'zajnər]
especialista (m) em informática	computerexpert (de)	[kɔm'pjutər·'ɛkspər]
programador (m)	programmeur (de)	[prɔxra'mør]
engenheiro (m)	ingenieur (de)	[inxe'njør]
marujo (m)	matroos (de)	[ma'trõs]
marinheiro (m)	zeeman (de)	['zẽman]
socorrista (m)	redder (de)	['rɛdər]
bombeiro (m)	brandweerman (de)	['brantwẽr·man]
polícia (m)	politieagent (de)	[pɔ'litsi·a'xɛnt]
guarda-noturno (m)	nachtwaker (de)	['naxt·wakər]
detetive (m)	detective (de)	[de'tɛktif]
funcionário (m) da alfândega	douanier (de)	[dua'njẽ]
guarda-costas (m)	lijfwacht (de)	['lɛjf·waxt]
guarda (m) prisional	gevangenisbewaker (de)	[xə'vaŋənis·bə'wakər]
inspetor (m)	inspecteur (de)	[inspɛk'tør]
esportista (m)	sportman (de)	['spɔrtman]
treinador (m)	trainer (de)	['trɛnər]

açougueiro (m)	slager, beenhouwer (de)	['slaxər], ['bēnhauər]
sapateiro (m)	schoenlapper (de)	['sxun·'lapər]
comerciante (m)	handelaar (de)	['handəlār]
carregador (m)	lader (de)	['ladər]
estilista (m)	kledingstilist (de)	['klediŋ·sti'list]
modelo (f)	model (het)	[mɔ'dɛl]

93. Ocupações. Estatuto social

estudante (~ de escola)	scholier (de)	[sxɔ'lir]
estudante (~ universitária)	student (de)	[stʉ'dɛnt]
filósofo (m)	filosoof (de)	[filɔ'zōf]
economista (m)	econoom (de)	[ɛkɔ'nōm]
inventor (m)	uitvinder (de)	['œʏtvindər]
desempregado (m)	werkloze (de)	[wɛrk'lɔzə]
aposentado (m)	gepensioneerde (de)	[xəpɛnʃə'nērdə]
espião (m)	spion (de)	[spi'jon]
preso, prisioneiro (m)	gedetineerde (de)	[xədeti'nērdə]
grevista (m)	staker (de)	['stakər]
burocrata (m)	bureaucraat (de)	[bʉrɔ'krāt]
viajante (m)	reiziger (de)	['rɛjzixər]
homossexual (m)	homoseksueel (de)	[hɔmɔsɛksʉ'ēl]
hacker (m)	hacker (de)	['hakər]
hippie (m, f)	hippie (de)	['hippi]
bandido (m)	bandiet (de)	[ban'dit]
assassino (m)	huurmoordenaar (de)	['hūr·mōrdənār]
drogado (m)	drugsverslaafde (de)	['drʉks·vər'slāfdə]
traficante (m)	drugshandelaar (de)	['drʉks·'handəlār]
prostituta (f)	prostituee (de)	[prɔstitʉ'ē]
cafetão (m)	pooier (de)	['pōjər]
bruxo (m)	tovenaar (de)	[tɔvə'nār]
bruxa (f)	tovenares (de)	[tɔvəna'rɛs]
pirata (m)	piraat (de)	[pi'rāt]
escravo (m)	slaaf (de)	[slāf]
samurai (m)	samoerai (de)	[samu'raj]
selvagem (m)	wilde (de)	['wildə]

Educação

94. Escola

escola (f)	school (de)	[sxõl]
diretor (m) de escola	schooldirecteur (de)	[sxõl·dirɛk'tør]
aluno (m)	leerling (de)	['lērliŋ]
aluna (f)	leerlinge (de)	['lērliŋə]
estudante (m)	scholier (de)	[sxɔ'lir]
estudante (f)	scholiere (de)	[sxɔ'lirə]
ensinar (vt)	leren	['lerən]
aprender (vt)	studeren	[stʉ'derən]
decorar (vt)	van buiten leren	[van 'bœytən 'lerən]
estudar (vi)	leren	['lerən]
estar na escola	in school zijn	[in 'sxõl zɛjn]
ir à escola	naar school gaan	[nār 'sxõl xān]
alfabeto (m)	alfabet (het)	['alfabət]
disciplina (f)	vak (het)	[vak]
sala (f) de aula	klaslokaal (het)	['klas·lɔkāl]
lição, aula (f)	les (de)	[lɛs]
recreio (m)	pauze (de)	['pauzə]
toque (m)	bel (de)	[bel]
classe (f)	schooltafel (de)	[sxõl·'tafəl]
quadro (m) negro	schoolbord (het)	[sxõl·bɔrt]
nota (f)	cijfer (het)	['sɛjfər]
boa nota (f)	goed cijfer (het)	[xut 'sɛjfər]
nota (f) baixa	slecht cijfer (het)	[slɛxt 'sɛjfər]
dar uma nota	een cijfer geven	[en 'sɛjfər 'xevən]
erro (m)	fout (de)	['faut]
errar (vi)	fouten maken	['fautən 'makən]
corrigir (~ um erro)	corrigeren	[kɔri'dʒɛrən]
cola (f)	spiekbriefje (het)	['spik·brifjə]
dever (m) de casa	huiswerk (het)	['hœys·wɛrk]
exercício (m)	oefening (de)	['ufəniŋ]
estar presente	aanwezig zijn	['ānwezəx zɛjn]
estar ausente	absent zijn	[ap'sɛnt zɛjn]
faltar às aulas	school verzuimen	[sxõl vərzœymən]
punir (vt)	bestraffen	[bə'strafən]
punição (f)	bestraffing (de)	[bə'strafiŋ]
comportamento (m)	gedrag (het)	[xə'drax]

boletim (m) escolar	cijferlijst (de)	['sɛjfər·lɛjst]
lápis (m)	potlood (het)	['pɔtlõt]
borracha (f)	gom (de)	[xɔm]
giz (m)	krijt (het)	[krɛjt]
porta-lápis (m)	pennendoos (de)	['penən·dõs]
mala, pasta, mochila (f)	boekentas (de)	['bukən·tas]
caneta (f)	pen (de)	[pen]
caderno (m)	schrift (de)	[sxrift]
livro (m) didático	leerboek (het)	['lēr·buk]
compasso (m)	passer (de)	['pasɛr]
traçar (vt)	technisch tekenen	['tɛxnis 'tekənən]
desenho (m) técnico	technische tekening (de)	['tɛxnisə 'tekəniŋ]
poesia (f)	gedicht (het)	[xə'diht]
de cor	van buiten	[van 'bœʏtən]
decorar (vt)	van buiten leren	[van 'bœʏtən 'lerən]
férias (f pl)	vakantie (de)	[va'kantsi]
estar de férias	met vakantie zijn	[mɛt va'kantsi zɛjn]
passar as férias	vakantie doorbrengen	[va'kantsi 'dõrbreŋən]
teste (m), prova (f)	toets (de)	[tuts]
redação (f)	opstel (het)	['ɔpstəl]
ditado (m)	dictee (het)	[dik'tē]
exame (m), prova (f)	examen (het)	[ɛk'samən]
fazer prova	examen afleggen	[ɛk'samən 'aflexən]
experiência (~ química)	experiment (het)	[ɛksperi'mɛnt]

95. Colégio. Universidade

academia (f)	academie (de)	[aka'demi]
universidade (f)	universiteit (de)	[junivɛrsi'tɛjt]
faculdade (f)	faculteit (de)	[fakʉl'tɛjt]
estudante (m)	student (de)	[stʉ'dɛnt]
estudante (f)	studente (de)	[stʉ'dɛntə]
professor (m)	leraar (de)	['lerãr]
auditório (m)	collegezaal (de)	[kɔ'leʒə·zãl]
graduado (m)	afgestudeerde (de)	['afxɛstʉ'dērdə]
diploma (m)	diploma (het)	[di'plɔma]
tese (f)	dissertatie (de)	[disɛr'tatsi]
estudo (obra)	onderzoek (het)	['ɔndərzuk]
laboratório (m)	laboratorium (het)	[labora'tɔrijum]
palestra (f)	college (het)	[kɔ'leʒə]
colega (m) de curso	medestudent (de)	['medə·stʉ'dɛnt]
bolsa (f) de estudos	studiebeurs (de)	['stʉdi'børs]
grau (m) acadêmico	academische graad (de)	[aka'demisə xrãt]

96. Ciências. Disciplinas

matemática (f)	wiskunde (de)	['wiskʉndə]
álgebra (f)	algebra (de)	['alxəbra]
geometria (f)	meetkunde (de)	['mētkʉndə]
astronomia (f)	astronomie (de)	[astrɔnɔ'mi]
biologia (f)	biologie (de)	[biɔlɔ'xi]
geografia (f)	geografie (de)	[xeoxra'fi]
geologia (f)	geologie (de)	[xeolɔ'xi]
história (f)	geschiedenis (de)	[xə'sxidənis]
medicina (f)	geneeskunde (de)	[xə'nēs·kʉndə]
pedagogia (f)	pedagogiek (de)	[peda'xɔxik]
direito (m)	rechten	['rɛxtən]
física (f)	fysica, natuurkunde (de)	['fizika], [na'tūrkʉndə]
química (f)	scheikunde (de)	['sxɛjkʉndə]
filosofia (f)	filosofie (de)	[filɔzɔ'fi]
psicologia (f)	psychologie (de)	[psihɔlɔ'xi]

97. Sistema de escrita. Ortografia

gramática (f)	grammatica (de)	[xra'matika]
vocabulário (m)	vocabulaire (het)	[vɔkabʉ'lɛːr]
fonética (f)	fonetiek (de)	[fɔnɛ'tik]
substantivo (m)	zelfstandig naamwoord (het)	[zɛlf'standix 'nāmwŏrt]
adjetivo (m)	bijvoeglijk naamwoord (het)	[bɛj'fuxlək 'nāmwŏrt]
verbo (m)	werkwoord (het)	['wɛrk·vɔrt]
advérbio (m)	bijwoord (het)	['bɛj·wŏrt]
pronome (m)	voornaamwoord (het)	['vŏrnām·wŏrt]
interjeição (f)	tussenwerpsel (het)	['tʉsən·'wɛrpsəl]
preposição (f)	voorzetsel (het)	['vŏrzɛtsəl]
raiz (f)	stam (de)	[stam]
terminação (f)	achtervoegsel (het)	['axtər·vuxsəl]
prefixo (m)	voorvoegsel (het)	['vŏr·vuxsəl]
sílaba (f)	lettergreep (de)	['lɛtər·xrēp]
sufixo (m)	achtervoegsel (het)	['axtər·vuxsəl]
acento (m)	nadruk (de)	['nadrʉk]
apóstrofo (f)	afkappingsteken (het)	['afkapiŋs·'tekən]
ponto (m)	punt (de)	[pʉnt]
vírgula (f)	komma (de/het)	['kɔma]
ponto e vírgula (m)	puntkomma (de)	[pʉnt·'kɔma]
dois pontos (m pl)	dubbelpunt (de)	['dʉbəl·pʉnt]
reticências (f pl)	beletselteken (het)	[bə'lɛtsel·'tekən]
ponto (m) de interrogação	vraagteken (het)	['vrāx·tekən]

ponto (m) de exclamação	uitroepteken (het)	['œytrup·tekən]
aspas (f pl)	aanhalingstekens	['ānhaliŋs·'tekəns]
entre aspas	tussen aanhalingstekens	['tʉsən 'ānhaliŋ's·tekəns]
parênteses (m pl)	haakjes	['hākjəs]
entre parênteses	tussen haakjes	['tʉsən 'hākjəs]

hífen (m)	streepje (het)	['strēpjə]
travessão (m)	gedachtestreepje (het)	[xə'dahtə 'strēpjə]
espaço (m)	spatie (de)	['spatsi]

| letra (f) | letter (de) | ['lɛtər] |
| letra (f) maiúscula | hoofdletter (de) | [hōft·'lɛtər] |

| vogal (f) | klinker (de) | ['klinkər] |
| consoante (f) | medeklinker (de) | ['medə·'klinkər] |

frase (f)	zin (de)	[zin]
sujeito (m)	onderwerp (het)	['ɔndərwɛrp]
predicado (m)	gezegde (het)	[xə'zɛxdə]

linha (f)	regel (de)	['rexəl]
em uma nova linha	op een nieuwe regel	[ɔp en 'niuə 'rexəl]
parágrafo (m)	alinea (de)	[a'linɛa]

palavra (f)	woord (het)	[wōrt]
grupo (m) de palavras	woordgroep (de)	['wōrt·xrup]
expressão (f)	uitdrukking (de)	['œydrykiŋ]
sinônimo (m)	synoniem (het)	[sinɔ'nim]
antônimo (m)	antoniem (het)	[antɔ'nim]

regra (f)	regel (de)	['rexəl]
exceção (f)	uitzondering (de)	['œytzɔndəriŋ]
correto (adj)	correct	[kɔ'rɛkt]

conjugação (f)	vervoeging, conjugatie (de)	[vər'vuxiŋ], [kɔnju'xatsi]
declinação (f)	verbuiging, declinatie (de)	[vərbœyxiŋ], [dekli'natsi]
caso (m)	naamval (de)	['nāmval]
pergunta (f)	vraag (de)	[vrāx]
sublinhar (vt)	onderstrepen	['ɔndər'strepən]
linha (f) pontilhada	stippellijn (de)	['stipəl·lɛjn]

98. Línguas estrangeiras

língua (f)	taal (de)	[tāl]
estrangeiro (adj)	vreemd	[vrēmt]
língua (f) estrangeira	vreemde taal (de)	['vrēmdə tāl]
estudar (vt)	leren	['lerən]
aprender (vt)	studeren	[stʉ'derən]

ler (vt)	lezen	['lezən]
falar (vi)	spreken	['sprekən]
entender (vt)	begrijpen	[bə'xrɛjpən]
escrever (vt)	schrijven	['sxrɛjvən]
rapidamente	snel	[snɛl]

devagar, lentamente	**langzaam**	['laŋzām]
fluentemente	**vloeiend**	['vlujənt]
regras (f pl)	**regels**	['rexəls]
gramática (f)	**grammatica (de)**	[xra'matika]
vocabulário (m)	**vocabulaire (het)**	[vɔkabʉ'lɛ:r]
fonética (f)	**fonetiek (de)**	[fɔnɛ'tik]
livro (m) didático	**leerboek (het)**	['lēr·buk]
dicionário (m)	**woordenboek (het)**	['wōrdən·buk]
manual (m) autodidático	**leerboek (het)**	['lērbuk
	voor zelfstudie	vōr 'zɛlfstʉdi]
guia (m) de conversação	**taalgids (de)**	['tāl·xits]
fita (f) cassete	**cassette (de)**	[ka'sɛtə]
videoteipe (m)	**videocassette (de)**	['videɔ·ka'sɛtə]
CD (m)	**CD (de)**	[se'de]
DVD (m)	**DVD (de)**	[deve'de]
alfabeto (m)	**alfabet (het)**	['alfabət]
soletrar (vt)	**spellen**	['spɛlən]
pronúncia (f)	**uitspraak (de)**	['œʏtsprāk]
sotaque (m)	**accent (het)**	[ak'sɛnt]
com sotaque	**met een accent**	[mɛt en ak'sɛnt]
sem sotaque	**zonder accent**	['zɔndər ak'sɛnt]
palavra (f)	**woord (het)**	[wōrt]
sentido (m)	**betekenis (de)**	[bə'tekənis]
curso (m)	**cursus (de)**	['kʉrzʉs]
inscrever-se (vr)	**zich inschrijven**	[zix 'insxrɛjvən]
professor (m)	**leraar (de)**	['lerār]
tradução (processo)	**vertaling (de)**	[vər'taliŋ]
tradução (texto)	**vertaling (de)**	[vər'taliŋ]
tradutor (m)	**vertaler (de)**	[vər'talər]
intérprete (m)	**tolk (de)**	[tɔlk]
poliglota (m)	**polyglot (de)**	[poli'xlɔt]
memória (f)	**geheugen (het)**	[xə'høxən]

Descanso. Entretenimento. Viagens

99. Viagens

turismo (m)	toerisme (het)	[tu'rismə]
turista (m)	toerist (de)	[tu'rist]
viagem (f)	reis (de)	[rɛjs]
aventura (f)	avontuur (het)	[avɔn'tūr]
percurso (curta viagem)	tocht (de)	[tɔxt]
férias (f pl)	vakantie (de)	[va'kantsi]
estar de férias	met vakantie zijn	[mɛt va'kantsi zɛjn]
descanso (m)	rust (de)	[rʉst]
trem (m)	trein (de)	[trɛjn]
de trem (chegar ~)	met de trein	[mɛt də trɛjn]
avião (m)	vliegtuig (het)	['vlixtœɣx]
de avião	met het vliegtuig	[mɛt ət 'vlixtœɣx]
de carro	met de auto	[mɛt də 'autɔ]
de navio	per schip	[pər sxip]
bagagem (f)	bagage (de)	[ba'xaʒə]
mala (f)	valies (de)	[va'lis]
carrinho (m)	bagagekarretje (het)	[ba'xaʒə·'karɛtʃə]
passaporte (m)	paspoort (het)	['paspōrt]
visto (m)	visum (het)	['vizʉm]
passagem (f)	kaartje (het)	['kārtʃə]
passagem (f) aérea	vliegticket (het)	['vlix·'tikət]
guia (m) de viagem	reisgids (de)	['rɛjs·xids]
mapa (m)	kaart (de)	[kārt]
área (f)	gebied (het)	[xə'bit]
lugar (m)	plaats (de)	[plāts]
exotismo (m)	exotische bestemming (de)	[ɛ'ksɔtise bɛ'stemiŋ]
exótico (adj)	exotisch	[ɛk'sɔtis]
surpreendente (adj)	verwonderlijk	[vər'wɔndərlək]
grupo (m)	groep (de)	[xrup]
excursão (f)	rondleiding (de)	['rɔntlɛjdiŋ]
guia (m)	gids (de)	[xits]

100. Hotel

hotel (m)	hotel (het)	[hɔ'tɛl]
motel (m)	motel (het)	[mɔ'tɛl]
três estrelas	3-sterren	[dri-'stɛrən]

| cinco estrelas | 5-sterren | [vɛjf-'stɛrən] |
| ficar (vi, vt) | overnachten | [ɔvər'naxtən] |

quarto (m)	kamer (de)	['kamər]
quarto (m) individual	eenpersoonskamer (de)	[ēnpɛr'sōns·'kamər]
quarto (m) duplo	tweepersoonskamer (de)	[twē·pɛr'sōns·'kamər]
reservar um quarto	een kamer reserveren	[en 'kamər rezər'verən]

| meia pensão (f) | halfpension (het) | [half·pɛn'ʃɔn] |
| pensão (f) completa | volpension (het) | ['vɔl·pɛn'ʃɔn] |

com banheira	met badkamer	[mɛt 'batkamər]
com chuveiro	met douche	[mɛt 'duʃ]
televisão (m) por satélite	satelliet-tv (de)	[satə'lit-te've]
ar (m) condicionado	airconditioner (de)	[ɛr·kɔn'diʃənər]
toalha (f)	handdoek (de)	['handuk]
chave (f)	sleutel (de)	['sløtəl]

administrador (m)	administrateur (de)	[atministra'tør]
camareira (f)	kamermeisje (het)	['kamər·'mɛjçə]
bagageiro (m)	piccolo (de)	['pikɔlɔ]
porteiro (m)	portier (de)	[pɔ'rtīr]

restaurante (m)	restaurant (het)	[rɛstɔ'rant]
bar (m)	bar (de)	[bar]
café (m) da manhã	ontbijt (het)	[ɔn'bɛjt]
jantar (m)	avondeten (het)	['avɔntetən]
bufê (m)	buffet (het)	[bʉ'fɛt]

| saguão (m) | hal (de) | [hal] |
| elevador (m) | lift (de) | [lift] |

| NÃO PERTURBE | NIET STOREN | [nit 'stɔrən] |
| PROIBIDO FUMAR! | VERBODEN TE ROKEN! | [vər'bɔdən tə 'rɔkən] |

EQUIPAMENTO TÉCNICO. TRANSPORTES

Equipamento técnico. Transportes

101. Computador

computador (m)	computer (de)	[kɔm'pjutər]
computador (m) portátil	laptop (de)	['laptɔp]
ligar (vt)	aanzetten	['ãnzɛtən]
desligar (vt)	uitzetten	['œʏtzɛtən]
teclado (m)	toetsenbord (het)	['tutsən·bɔrt]
tecla (f)	toets (de)	[tuts]
mouse (m)	muis (de)	[mœʏs]
tapete (m) para mouse	muismat (de)	['mœʏs·mat]
botão (m)	knopje (het)	['knɔpjə]
cursor (m)	cursor (de)	['kʉrzɔr]
monitor (m)	monitor (de)	['mɔnitɔr]
tela (f)	scherm (het)	[sxɛrm]
disco (m) rígido	harde schijf (de)	['hardə sxɛjf]
capacidade (f) do disco rígido	volume (het) van de harde schijf	[vɔ'lʉmə van də 'hardə sxɛjf]
memória (f)	geheugen (het)	[xə'høxən]
memória RAM (f)	RAM-geheugen (het)	[rɛm-xə'høxən]
arquivo (m)	bestand (het)	[bə'stant]
pasta (f)	folder (de)	['fɔldər]
abrir (vt)	openen	['ɔpənən]
fechar (vt)	sluiten	['slœʏtən]
salvar (vt)	opslaan	['ɔpslãn]
deletar (vt)	verwijderen	[vər'wɛjdərən]
copiar (vt)	kopiëren	[kɔpi'erən]
ordenar (vt)	sorteren	[sɔr'terən]
copiar (vt)	overplaatsen	[ɔvər'platsən]
programa (m)	programma (het)	[prɔ'xrama]
software (m)	software (de)	[sɔft'wɛr]
programador (m)	programmeur (de)	[prɔxra'mør]
programar (vt)	programmeren	[prɔxra'merən]
hacker (m)	hacker (de)	['hakər]
senha (f)	wachtwoord (het)	['waxt·wõrt]
vírus (m)	virus (het)	['virʉs]
detectar (vt)	ontdekken	[ɔn'dɛkən]

| byte (m) | byte (de) | [bajt] |
| megabyte (m) | megabyte (de) | ['mexabajt] |

| dados (m pl) | data (de) | ['data] |
| base (f) de dados | databank (de) | ['data·bank] |

cabo (m)	kabel (de)	['kabəl]
desconectar (vt)	afsluiten	['afslœytən]
conectar (vt)	aansluiten op	['ānslœytən ɔp]

102. Internet. E-mail

internet (f)	internet (het)	['intɛrnɛt]
browser (m)	browser (de)	['brausər]
motor (m) de busca	zoekmachine (de)	['zuk·ma'ʃinə]
provedor (m)	internetprovider (de)	['intɛrnɛt·prɔ'vajdər]

webmaster (m)	webmaster (de)	[wɛb·'mastər]
website (m)	website (de)	[wɛbsajt]
web page (f)	webpagina (de)	[wɛb·'paxina]

| endereço (m) | adres (het) | [ad'rɛs] |
| livro (m) de endereços | adresboek (het) | [ad'rɛs·buk] |

caixa (f) de correio	postvak (het)	['pɔst·vak]
correio (m)	post (de)	[pɔst]
cheia (caixa de correio)	vol	[vɔl]

mensagem (f)	bericht (het)	[bə'rixt]
mensagens (f pl) recebidas	binnenkomende berichten	['binənkɔmɛndə bə'rixtən]
mensagens (f pl) enviadas	uitgaande berichten	['œytxāndə bə'rihtən]
remetente (m)	verzender (de)	[vər'zɛndər]
enviar (vt)	verzenden	[vər'zɛndən]
envio (m)	verzending (de)	[vər'zɛndiŋ]

| destinatário (m) | ontvanger (de) | [ɔnt'faŋər] |
| receber (vt) | ontvangen | [ɔnt'faŋən] |

| correspondência (f) | correspondentie (de) | [kɔrɛspɔn'dɛntsi] |
| corresponder-se (vr) | corresponderen | [kɔrɛspɔn'derən] |

arquivo (m)	bestand (het)	[bə'stant]
fazer download, baixar (vt)	downloaden	[daun'lɔudən]
criar (vt)	creëren	[kre'jerən]
deletar (vt)	verwijderen	[vər'wɛjdərən]
deletado (adj)	verwijderd	[vər'wɛjdərt]

conexão (f)	verbinding (de)	[vər'bindiŋ]
velocidade (f)	snelheid (de)	['snɛlhɛjt]
modem (m)	modem (de)	['mɔdɛm]
acesso (m)	toegang (de)	['tuxaŋ]
porta (f)	poort (de)	['pōrt]
conexão (f)	aansluiting (de)	['ānslœytiŋ]
conectar (vi)	zich aansluiten	[zix 'ānslœytən]

| escolher (vt) | selecteren | [selɛk'terən] |
| buscar (vt) | zoeken | ['zukən] |

103. Eletricidade

eletricidade (f)	elektriciteit (de)	[ɛlɛktrisi'tɛjt]
elétrico (adj)	elektrisch	[ɛ'lɛktris]
planta (f) elétrica	elektriciteitscentrale (de)	[ɛlɛktrisi'tɛjt·sən'tralə]
energia (f)	energie (de)	[ɛnɛr'ʒi]
energia (f) elétrica	elektrisch vermogen (het)	[ɛ'lɛktris vər'mɔxən]

lâmpada (f)	lamp (de)	[lamp]
lanterna (f)	zaklamp (de)	['zak·lamp]
poste (m) de iluminação	straatlantaarn (de)	['strāt·lan'tārn]

luz (f)	licht (het)	[lixt]
ligar (vt)	aandoen	['āndun]
desligar (vt)	uitdoen	['œɣtdun]
apagar a luz	het licht uitdoen	[ət 'lixt 'œɣtdun]

queimar (vi)	doorbranden	['dōrbrandən]
curto-circuito (m)	kortsluiting (de)	['kɔrt·slœɣtiŋ]
ruptura (f)	onderbreking (de)	['ɔndər'brekiŋ]
contato (m)	contact (het)	[kɔn'takt]

interruptor (m)	schakelaar (de)	['sxakəlār]
tomada (de parede)	stopcontact (het)	['stɔp·kɔn'takt]
plugue (m)	stekker (de)	['stɛkər]
extensão (f)	verlengsnoer (de)	[vər'lɛŋ·snur]

fusível (m)	zekering (de)	['zekəriŋ]
fio, cabo (m)	kabel (de)	['kabəl]
instalação (f) elétrica	bedrading (de)	[bə'dradiŋ]

ampère (m)	ampère (de)	[am'pɛrə]
amperagem (f)	stroomsterkte (de)	[strōm·'stɛrktə]
volt (m)	volt (de)	[vɔlt]
voltagem (f)	spanning (de)	['spaniŋ]

| aparelho (m) elétrico | elektrisch toestel (het) | [ɛ'lɛktris 'tustəl] |
| indicador (m) | indicator (de) | [indi'katɔr] |

eletricista (m)	elektricien (de)	[ɛlɛktri'sjen]
soldar (vt)	solderen	[sɔl'derən]
soldador (m)	soldeerbout (de)	[sɔl'dēr·baut]
corrente (f) elétrica	stroom (de)	[strōm]

104. Ferramentas

ferramenta (f)	werktuig (het)	['wɛrktœɣx]
ferramentas (f pl)	gereedschap (het)	[xə'rētsxap]
equipamento (m)	uitrusting (de)	['œɣtrystiŋ]

martelo (m)	hamer (de)	['hamər]
chave (f) de fenda	schroevendraaier (de)	['sxruvən·'drājər]
machado (m)	bijl (de)	[bɛjl]
serra (f)	zaag (de)	[zāx]
serrar (vt)	zagen	['zaxən]
plaina (f)	schaaf (de)	[sxāf]
aplainar (vt)	schaven	['sxavən]
soldador (m)	soldeerbout (de)	[sɔl'dēr·baut]
soldar (vt)	solderen	[sɔl'derən]
lima (f)	vijl (de)	[vɛjl]
tenaz (f)	nijptang (de)	['nɛjp·taŋ]
alicate (m)	combinatietang (de)	[kɔmbi'natsi·taŋ]
formão (m)	beitel (de)	['bɛjtəl]
broca (f)	boorkop (de)	['bōrkɔp]
furadeira (f) elétrica	boormachine (de)	[bōr·ma'ʃinə]
furar (vt)	boren	['bɔrən]
faca (f)	mes (het)	[mɛs]
lâmina (f)	lemmet (het)	['lemət]
afiado (adj)	scherp	[sxɛrp]
cego (adj)	bot	[bɔt]
embotar-se (vr)	bot raken	[bɔt 'rakən]
afiar, amolar (vt)	slijpen	['slɛjpən]
parafuso (m)	bout (de)	['baut]
porca (f)	moer (de)	[mur]
rosca (f)	schroefdraad (de)	['sxruf·drāt]
parafuso (para madeira)	houtschroef (de)	['haut·sxruf]
prego (m)	spijker (de)	['spɛjkər]
cabeça (f) do prego	kop (de)	[kɔp]
régua (f)	liniaal (de/het)	[lini'āl]
fita (f) métrica	rolmeter (de)	['rɔl·metər]
nível (m)	waterpas (de/het)	['watərpas]
lupa (f)	loep (de)	[lup]
medidor (m)	meetinstrument (het)	['mēt·instrʉ'mɛnt]
medir (vt)	opmeten	['ɔpmetən]
escala (f)	schaal (de)	[sxāl]
indicação (f), registro (m)	gegevens	[xə'xevəns]
compressor (m)	compressor (de)	[kɔm'presɔr]
microscópio (m)	microscoop (de)	[mikrɔ'skōp]
bomba (f)	pomp (de)	[pɔmp]
robô (m)	robot (de)	['rɔbɔt]
laser (m)	laser (de)	['lezər]
chave (f) de boca	moersleutel (de)	['mur·'sløtəl]
fita (f) adesiva	plakband (de)	['plak·bant]
cola (f)	lijm (de)	[lɛjm]

lixa (f)	schuurpapier (het)	[sxūr·pa'pir]
mola (f)	veer (de)	[vēr]
ímã (m)	magneet (de)	[max'nēt]
luva (f)	handschoenen	['xand 'sxunən]

corda (f)	touw (het)	['tau]
cabo (~ de nylon, etc.)	snoer (het)	[snur]
fio (m)	draad (de)	[drāt]
cabo (~ elétrico)	kabel (de)	['kabəl]

marreta (f)	moker (de)	['mɔkər]
pé de cabra (m)	breekijzer (het)	['brē'kɛjzər]
escada (f) de mão	ladder (de)	['ladər]
escada (m)	trapje (het)	['trapje]

enroscar (vt)	aanschroeven	['ānsxruvən]
desenroscar (vt)	losschroeven	[lɔs'sxruvən]
apertar (vt)	dichtpersen	['dixtpɛrsən]
colar (vt)	vastlijmen	[vast'lɛjmən]
cortar (vt)	snijden	['snɛjdən]

falha (f)	defect (het)	[de'fɛkt]
conserto (m)	reparatie (de)	[repa'ratsi]
consertar, reparar (vt)	repareren	[repa'rerən]
regular, ajustar (vt)	regelen	['rexələn]

verificar (vt)	checken	['ʧɛkən]
verificação (f)	controle (de)	[kɔn'trɔlə]
indicação (f), registro (m)	gegevens	[xə'xevəns]

seguro (adj)	degelijk	['dexələk]
complicado (adj)	ingewikkeld	[inxe'wikəlt]

enferrujar (vi)	roesten	['rustən]
enferrujado (adj)	roestig	['rustəx]
ferrugem (f)	roest (de/het)	[rust]

Transportes

105. Avião

avião (m)	vliegtuig (het)	['vlixtœɣx]
passagem (f) aérea	vliegticket (het)	['vlix·'tikət]
companhia (f) aérea	luchtvaart- maatschappij (de)	['lʉxtvārt mātsxa'pɛj]
aeroporto (m)	luchthaven (de)	['lʉxthavən]
supersônico (adj)	supersonisch	[sʉpər'sɔnis]
comandante (m) do avião	gezagvoerder (de)	[xəzax·'vurdər]
tripulação (f)	bemanning (de)	[bə'maniŋ]
piloto (m)	piloot (de)	[pi'lōt]
aeromoça (f)	stewardess (de)	[stʉwər'dɛs]
copiloto (m)	stuurman (de)	['stūrman]
asas (f pl)	vleugels	['vløxəls]
cauda (f)	staart (de)	[stārt]
cabine (f)	cabine (de)	[ka'binə]
motor (m)	motor (de)	['mɔtɔr]
trem (m) de pouso	landingsgestel (het)	['landiŋs·xə'stɛl]
turbina (f)	turbine (de)	[tʉr'binə]
hélice (f)	propeller (de)	[prɔ'pelər]
caixa-preta (f)	zwarte doos (de)	['zwartə dōs]
coluna (f) de controle	stuur (het)	[stūr]
combustível (m)	brandstof (de)	['brandstɔf]
instruções (f pl) de segurança	veiligheidskaart (de)	['vɛjləxhɛjts·kārt]
máscara (f) de oxigênio	zuurstofmasker (het)	['zūrstɔf·'maskər]
uniforme (m)	uniform (het)	['juniform]
colete (m) salva-vidas	reddingsvest (de)	['rɛdiŋs·vɛst]
paraquedas (m)	parachute (de)	[para'ʃʉtə]
decolagem (f)	opstijgen (het)	['ɔpstɛjxən]
descolar (vi)	opstijgen	['ɔpstɛjxən]
pista (f) de decolagem	startbaan (de)	['start·bān]
visibilidade (f)	zicht (het)	[zixt]
voo (m)	vlucht (de)	[vlʉxt]
altura (f)	hoogte (de)	['hōxtə]
poço (m) de ar	luchtzak (de)	['lʉxt·zak]
assento (m)	plaats (de)	[plāts]
fone (m) de ouvido	koptelefoon (de)	['kɔp·telə'fōn]
mesa (f) retrátil	tafeltje (het)	['tafɛltʃə]
janela (f)	venster (het)	['vɛnstər]
corredor (m)	gangpad (het)	['haŋpat]

106. Comboio

trem (m)	trein (de)	[trɛjn]
trem (m) elétrico	elektrische trein (de)	[ɛ'lɛktrisə trɛjn]
trem (m)	sneltrein (de)	['snɛl·trɛjn]
locomotiva (f) diesel	diesellocomotief (de)	['dizəl·lɔkɔmɔ'tif]
locomotiva (f) a vapor	stoomlocomotief (de)	[stõm·lɔkɔmɔ'tif]
vagão (f) de passageiros	rijtuig (het)	['rɛjtœɣx]
vagão-restaurante (m)	restauratierijtuig (het)	[rɛstɔ'ratsi·'rɛjtœɣx]
carris (m pl)	rails	['rɛjls]
estrada (f) de ferro	spoorweg (de)	['spõr·wɛx]
travessa (f)	dwarsligger (de)	['dwars·lixə]
plataforma (f)	perron (het)	[pɛ'rɔn]
linha (f)	spoor (het)	[spõr]
semáforo (m)	semafoor (de)	[səma'fõr]
estação (f)	halte (de)	['haltə]
maquinista (m)	machinist (de)	[maʃi'nist]
bagageiro (m)	kruier (de)	['krœɣər]
hospedeiro, -a (m, f)	conducteur (de)	[kɔndʉk'tør]
passageiro (m)	passagier (de)	[pasa'xir]
revisor (m)	controleur (de)	[kɔntrɔ'lør]
corredor (m)	gang (de)	[xaŋ]
freio (m) de emergência	noodrem (de)	['nõd·rɛm]
compartimento (m)	coupé (de)	[ku'pɛ]
cama (f)	bed (het)	[bɛt]
cama (f) de cima	bovenste bed (het)	['bɔvənstə bɛt]
cama (f) de baixo	onderste bed (het)	['ɔndərstə bɛt]
roupa (f) de cama	beddengoed (het)	['bɛdən·xut]
passagem (f)	kaartje (het)	['kārtʃə]
horário (m)	dienstregeling (de)	[dinst·'rexəliŋ]
painel (m) de informação	informatiebord (het)	[infɔr'matsi·bɔrt]
partir (vt)	vertrekken	[vər'trɛkən]
partida (f)	vertrek (het)	[vər'trɛk]
chegar (vi)	aankomen	['ānkɔmən]
chegada (f)	aankomst (de)	['ānkɔmst]
chegar de trem	aankomen per trein	['ānkɔmən pɛr trɛjn]
pegar o trem	in de trein stappen	[in də 'trɛjn 'stapən]
descer de trem	uit de trein stappen	['œɣt də 'trɛjn 'stapən]
acidente (m) ferroviário	treinwrak (het)	['trɛjn·wrak]
descarrilar (vi)	ontspoord zijn	[ɔnt'spõrt zɛjn]
locomotiva (f) a vapor	stoomlocomotief (de)	[stõm·lɔkɔmɔ'tif]
foguista (m)	stoker (de)	['stɔkər]
fornalha (f)	stookplaats (de)	['stõk·plāts]
carvão (m)	steenkool (de)	['stēn·kõl]

107. Barco

| navio (m) | schip (het) | [sxip] |
| embarcação (f) | vaartuig (het) | ['vārtœʏx] |

barco (m) a vapor	stoomboot (de)	['stōm·bōt]
barco (m) fluvial	motorschip (het)	['motor·sxip]
transatlântico (m)	lijnschip (het)	['lɛjn·sxip]
cruzeiro (m)	kruiser (de)	['krœʏsər]

iate (m)	jacht (het)	[jaxt]
rebocador (m)	sleepboot (de)	['slēp·bōt]
barcaça (f)	duwbak (de)	['dʉwbak]
ferry (m)	ferryboot (de)	['fɛri·bōt]

| veleiro (m) | zeilboot (de) | ['zɛjl·bōt] |
| bergantim (m) | brigantijn (de) | [brixan'tɛjn] |

| quebra-gelo (m) | ijsbreker (de) | ['ɛjs·brekər] |
| submarino (m) | duikboot (de) | ['dœʏk·bōt] |

bote, barco (m)	boot (de)	[bōt]
baleeira (bote salva-vidas)	sloep (de)	[slup]
bote (m) salva-vidas	reddingssloep (de)	['rɛdiŋs·slup]
lancha (f)	motorboot (de)	['motor·bōt]

capitão (m)	kapitein (de)	[kapi'tɛjn]
marinheiro (m)	zeeman (de)	['zēman]
marujo (m)	matroos (de)	[ma'trōs]
tripulação (f)	bemanning (de)	[bə'maniŋ]

contramestre (m)	bootsman (de)	['bōtsman]
grumete (m)	scheepsjongen (de)	['sxēps·'joŋən]
cozinheiro (m) de bordo	kok (de)	[kɔk]
médico (m) de bordo	scheepsarts (de)	['sxēps·arts]

convés (m)	dek (het)	[dɛk]
mastro (m)	mast (de)	[mast]
vela (f)	zeil (het)	[zɛjl]

porão (m)	ruim (het)	[rœʏm]
proa (f)	voorsteven (de)	['vōrstevən]
popa (f)	achtersteven (de)	['axtər·stevən]
remo (m)	roeispaan (de)	['rujs·pān]
hélice (f)	schroef (de)	[sxruf]

cabine (m)	kajuit (de)	[kajœʏt]
sala (f) dos oficiais	officierskamer (de)	[ɔfi'sir·'kamər]
sala (f) das máquinas	machinekamer (de)	[ma'ʃinə·'kamər]
ponte (m) de comando	brug (de)	[brʉx]
sala (f) de comunicações	radiokamer (de)	['radio·'kamər]
onda (f)	radiogolf (de)	['radio·xɔlf]
diário (m) de bordo	logboek (het)	['lɔxbuk]
luneta (f)	verrekijker (de)	['vɛrəkɛjkər]
sino (m)	klok (de)	[klɔk]

bandeira (f)	vlag (de)	[vlax]
cabo (m)	kabel (de)	['kabəl]
nó (m)	knoop (de)	[knõp]
corrimão (m)	leuning (de)	['løniŋ]
prancha (f) de embarque	trap (de)	[trap]
âncora (f)	anker (het)	['ankər]
recolher a âncora	het anker lichten	[ət 'ankər 'lixtən]
jogar a âncora	het anker neerlaten	[ət 'ankər 'nẽrlatən]
amarra (corrente de âncora)	ankerketting (de)	['ankər·'ketiŋ]
porto (m)	haven (de)	['havən]
cais, amarradouro (m)	kaai (de)	[kãj]
atracar (vi)	aanleggen	['ãnlexən]
desatracar (vi)	wegvaren	['wɛxvarən]
viagem (f)	reis (de)	[rɛjs]
cruzeiro (m)	cruise (de)	[krus]
rumo (m)	koers (de)	[kurs]
itinerário (m)	route (de)	['rutə]
canal (m) de navegação	vaarwater (het)	['vãr·watər]
banco (m) de areia	zandbank (de)	['zant·bank]
encalhar (vt)	stranden	['strandən]
tempestade (f)	storm (de)	[stɔrm]
sinal (m)	signaal (het)	[si'njãl]
afundar-se (vr)	zinken	['zinkən]
Homem ao mar!	Man overboord!	[man ɔvər'bõrt]
SOS	SOS	[ɛs ɔ ɛs]
boia (f) salva-vidas	reddingsboei (de)	['rɛdiŋs·bui]

108. Aeroporto

aeroporto (m)	luchthaven (de)	['lʉxthavən]
avião (m)	vliegtuig (het)	['vlixtœɣx]
companhia (f) aérea	luchtvaart- maatschappij (de)	['lʉxtvãrt mãtsxa'pɛj]
controlador (m) de tráfego aéreo	luchtverkeersleider (de)	['lʉxt·verkẽrs·'lɛjdər]
partida (f)	vertrek (het)	[vər'trɛk]
chegada (f)	aankomst (de)	['ãnkɔmst]
chegar (vi)	aankomen	['ãnkɔmən]
hora (f) de partida	vertrektijd (de)	[vər'trɛk·tɛjt]
hora (f) de chegada	aankomstuur (het)	['ãnkɔmst·'ũr]
estar atrasado	vertraagd zijn	[vər'trãxt zɛjn]
atraso (m) de voo	vluchtvertraging (de)	['vlʉxt·vərt'raxiŋ]
painel (m) de informação	informatiebord (het)	[infɔr'matsi·bɔrt]
informação (f)	informatie (de)	[infɔr'matsi]

| anunciar (vt) | aankondigen | ['ānkɔndəxən] |
| voo (m) | vlucht (de) | [vlʉxt] |

| alfândega (f) | douane (de) | [du'anə] |
| funcionário (m) da alfândega | douanier (de) | [dua'njē] |

declaração (f) alfandegária	douaneaangifte (de)	[du'anə·'ānxiftə]
preencher (vt)	invullen	['invʉlən]
preencher a declaração	een douaneaangifte invullen	[en du'anə·'ānxiftə 'invʉlən]
controle (m) de passaporte	paspoortcontrole (de)	['paspōrt·kɔn'trɔlə]

bagagem (f)	bagage (de)	[ba'xaʒə]
bagagem (f) de mão	handbagage (de)	[hant·ba'xaʒə]
carrinho (m)	bagagekarretje (het)	[ba'xaʒə·'karɛtʃə]

pouso (m)	landing (de)	['landiŋ]
pista (f) de pouso	landingsbaan (de)	['landiŋs·bān]
aterrissar (vi)	landen	['landən]
escada (f) de avião	vliegtuigtrap (de)	['vlixtœɣx·trap]

check-in (m)	inchecken (het)	['intʃɛkən]
balcão (m) do check-in	incheckbalie (de)	['intʃɛk·'bali]
fazer o check-in	inchecken	['intʃɛkən]
cartão (m) de embarque	instapkaart (de)	['instap·kārt]
portão (m) de embarque	gate (de)	[gejt]

trânsito (m)	transit (de)	['transit]
esperar (vi, vt)	wachten	['waxtən]
sala (f) de espera	wachtzaal (de)	['waxt·zāl]
despedir-se (acompanhar)	begeleiden	[bəxə'lɛjdən]
despedir-se (dizer adeus)	afscheid nemen	['afsxɛjt 'nemən]

Eventos

109. Férias. Evento

festa (f)	feest (het)	[fēst]
feriado (m) nacional	nationale feestdag (de)	[natsjɔ'nalə 'fēstdax]
feriado (m)	feestdag (de)	['fēst·dax]
festejar (vt)	herdenken	['hɛrdɛŋkən]
evento (festa, etc.)	gebeurtenis (de)	[xə'børtənis]
evento (banquete, etc.)	evenement (het)	[ɛvənə'mɛnt]
banquete (m)	banket (het)	[ban'ket]
recepção (f)	receptie (de)	[re'sɛpsi]
festim (m)	feestmaal (het)	['fēst·māl]
aniversário (m)	verjaardag (de)	[vər'jār·dax]
jubileu (m)	jubileum (het)	[jubi'lejum]
celebrar (vt)	vieren	['virən]
Ano (m) Novo	Nieuwjaar (het)	[niu'jār]
Feliz Ano Novo!	Gelukkig Nieuwjaar!	[xə'lʉkəx niu'jār]
Papai Noel (m)	Sinterklaas (de)	[sintər·'klās]
Natal (m)	Kerstfeest (het)	['kɛrstfēst]
Feliz Natal!	Vrolijk kerstfeest!	['vrɔlək 'kɛrstfēst]
árvore (f) de Natal	kerstboom (de)	['kɛrst·bōm]
fogos (m pl) de artifício	vuurwerk (het)	['vūr·wɛrk]
casamento (m)	bruiloft (de)	['brœʏlɔft]
noivo (m)	bruidegom (de)	['brœʏdəxɔm]
noiva (f)	bruid (de)	['brœʏd]
convidar (vt)	uitnodigen	['œʏtnɔdixən]
convite (m)	uitnodigingskaart (de)	[œʏt'nɔdixiŋs·kārt]
convidado (m)	gast (de)	[xast]
visitar (vt)	op bezoek gaan	[ɔp bə'zuk xān]
receber os convidados	gasten verwelkomen	['xastən vər'wɛlkɔmən]
presente (m)	geschenk, cadeau (het)	[xə'sxɛnk]
oferecer, dar (vt)	geven	['xevən]
receber presentes	geschenken ontvangen	[xə'sxɛnkən ɔnt'vaŋən]
buquê (m) de flores	boeket (het)	[bu'kɛt]
felicitações (f pl)	felicitaties	[felisi'tatsis]
felicitar (vt)	feliciteren	[felisi'terən]
cartão (m) de parabéns	wenskaart (de)	['wɛns·kārt]
enviar um cartão postal	een kaartje versturen	[en 'kārtʃe vər'stʉrən]
receber um cartão postal	een kaartje ontvangen	[en 'kārtʃe ɔnt'vaŋən]

brinde (m)	toast (de)	[tɔst]
oferecer (vt)	aanbieden	[ãm'bidən]
champanhe (m)	champagne (de)	[ʃʌm'panjə]

divertir-se (vr)	plezier hebben	[plɛ'zir 'hɛbən]
diversão (f)	plezier (het)	[plɛ'zir]
alegria (f)	vreugde (de)	['vrøhdə]

| dança (f) | dans (de) | [dans] |
| dançar (vi) | dansen | ['dansən] |

| valsa (f) | wals (de) | [wals] |
| tango (m) | tango (de) | ['tangɔ] |

110. Funerais. Enterro

cemitério (m)	kerkhof (het)	['kɛrkhɔf]
sepultura (f), túmulo (m)	graf (het)	[xraf]
cruz (f)	kruis (het)	['krœys]
lápide (f)	grafsteen (de)	['xraf·stēn]
cerca (f)	omheining (de)	[ɔm'hɛjniŋ]
capela (f)	kapel (de)	[ka'pɛl]

morte (f)	dood (de)	[dōt]
morrer (vi)	sterven	['stɛrvən]
defunto (m)	overledene (de)	[ɔvər'ledenə]
luto (m)	rouw (de)	['rau]

| enterrar, sepultar (vt) | begraven | [bə'xravən] |
| funerária (f) | begrafenis-onderneming (de) | [bə'xrafənis ɔndər'nemiŋ] |

| funeral (m) | begrafenis (de) | [bə'xrafənis] |

coroa (f) de flores	krans (de)	[krans]
caixão (m)	doodskist (de)	['dōd·skist]
carro (m) funerário	lijkwagen (de)	['lɛjk·waxən]
mortalha (f)	lijkkleed (de)	['lɛjk·klēt]

procissão (f) funerária	begrafenisstoet (de)	[bə'xrafənis·stut]
urna (f) funerária	urn (de)	[jurn]
crematório (m)	crematorium (het)	[krema'tɔrijum]

obituário (m), necrologia (f)	overlijdensbericht (het)	[ɔvər'lɛjdəns·bə'rixt]
chorar (vi)	huilen	['hœylən]
soluçar (vi)	snikken	['snikən]

111. Guerra. Soldados

pelotão (m)	peloton (het)	[pelɔ'tɔn]
companhia (f)	compagnie (de)	[kɔmpa'njɪ]
regimento (m)	regiment (het)	[rexi'mɛnt]
exército (m)	leger (het)	['lexər]

divisão (f)	divisie (de)	[di'vizi]
esquadrão (m)	sectie (de)	['sɛksi]
hoste (f)	troep (de)	[trup]

soldado (m)	soldaat (de)	[sɔl'dãt]
oficial (m)	officier (de)	[ɔfi'sir]

soldado (m) raso	soldaat (de)	[sɔl'dãt]
sargento (m)	sergeant (de)	[sɛr'ʒant]
tenente (m)	luitenant (de)	[lœytə'nant]
capitão (m)	kapitein (de)	[kapi'tɛjn]
major (m)	majoor (de)	[ma'jõr]
coronel (m)	kolonel (de)	[kɔlo'nɛl]
general (m)	generaal (de)	[xenə'rãl]

marujo (m)	matroos (de)	[ma'trõs]
capitão (m)	kapitein (de)	[kapi'tɛjn]
contramestre (m)	bootsman (de)	['bõtsman]
artilheiro (m)	artillerist (de)	[artile'rist]
soldado (m) paraquedista	valschermjager (de)	['valsxərm·'jaxər]
piloto (m)	piloot (de)	[pi'lõt]
navegador (m)	stuurman (de)	['stūrman]
mecânico (m)	mecanicien (de)	[mekani'sjen]

sapador-mineiro (m)	sappeur (de)	[sa'pør]
paraquedista (m)	parachutist (de)	[paraʃʉ'tist]
explorador (m)	verkenner (de)	[vər'kenər]
atirador (m) de tocaia	scherpschutter (de)	['sxɛrp·sxʉtər]

patrulha (f)	patrouille (de)	[pa'trujə]
patrulhar (vt)	patrouilleren	[patru'jerən]
sentinela (f)	wacht (de)	[waxt]
guerreiro (m)	krijger (de)	['krɛjxə]
patriota (m)	patriot (de)	[patri'ɔt]
herói (m)	held (de)	[hɛlt]
heroína (f)	heldin (de)	[hɛl'din]

traidor (m)	verrader (de)	[və'radər]
trair (vt)	verraden	[və'radən]
desertor (m)	deserteur (de)	[dezɛr'tør]
desertar (vt)	deserteren	[dezɛr'terən]

mercenário (m)	huurling (de)	['hūrliŋ]
recruta (m)	rekruut (de)	[rek'rūt]
voluntário (m)	vrijwilliger (de)	[vrɛj'wiləxər]

morto (m)	gedode (de)	[xə'dɔdə]
ferido (m)	gewonde (de)	[xə'wɔndə]
prisioneiro (m) de guerra	krijgsgevangene (de)	['krɛjxs·xə'vaŋənə]

112. Guerra. Ações militares. Parte 1

guerra (f)	oorlog (de)	['õrlɔx]
guerrear (vt)	oorlog voeren	['õrlɔx 'vurən]

guerra (f) civil	burgeroorlog (de)	['bʉrxər·'ōrlɔx]
perfidamente	achterbaks	['axtərbaks]
declaração (f) de guerra	oorlogsverklaring (de)	['ōrlɔxs·vər'klariŋ]
declarar guerra	verklaren	[vər'klarən]
agressão (f)	agressie (de)	[ax'rɛsi]
atacar (vt)	aanvallen	['ānvalən]
invadir (vt)	binnenvallen	['binənvalən]
invasor (m)	invaller (de)	['invalə]
conquistador (m)	veroveraar (de)	[və'rɔvərār]
defesa (f)	verdediging (de)	[vər'dedəxiŋ]
defender (vt)	verdedigen	[vər'dedixən]
defender-se (vr)	zich verdedigen	[zih vər'dedixən]
inimigo (m)	vijand (de)	['vɛjant]
adversário (m)	tegenstander (de)	['texən·'standər]
inimigo (adj)	vijandelijk	[vɛ'jandələk]
estratégia (f)	strategie (de)	[stratə'xi]
tática (f)	tactiek (de)	[tak'tik]
ordem (f)	order (de)	['ɔrdər]
comando (m)	bevel (het)	[bə'vɛl]
ordenar (vt)	bevelen	[bə'velən]
missão (f)	opdracht (de)	['ɔpdraxt]
secreto (adj)	geheim	[xə'hɛjm]
batalha (f)	slag (de)	[slax]
batalha (f)	veldslag (de)	['vɛlt·slax]
combate (m)	strijd (de)	[strɛjt]
ataque (m)	aanval (de)	['ānval]
assalto (m)	bestorming (de)	[bə'stɔrmiŋ]
assaltar (vt)	bestormen	[bə'stɔrmən]
assédio, sítio (m)	bezetting (de)	[bə'zɛtiŋ]
ofensiva (f)	aanval (de)	['ānval]
tomar à ofensiva	in het offensief te gaan	[in ət ɔfɛn'sif te xān]
retirada (f)	terugtrekking (de)	[te'rʉx·trɛkiŋ]
retirar-se (vr)	zich terugtrekken	[zih tə'rʉxtrɛkən]
cerco (m)	omsingeling (de)	[ɔm'siŋəliŋ]
cercar (vt)	omsingelen	[ɔm'siŋələn]
bombardeio (m)	bombardement (het)	[bɔmbardə'mɛnt]
lançar uma bomba	een bom gooien	[en bɔm 'xōjən]
bombardear (vt)	bombarderen	[bɔmbar'derən]
explosão (f)	ontploffing (de)	[ɔnt'plɔfiŋ]
tiro (m)	schot (het)	[sxɔt]
dar um tiro	een schot lossen	[en sxɔt 'lɔsən]
tiroteio (m)	schieten (het)	['sxitən]
apontar para ...	mikken op	['mikən ɔp]
apontar (vt)	aanleggen	['ānlexən]

acertar (vt)	**treffen**	['trefǝn]
afundar (~ um navio, etc.)	**zinken**	['zinkǝn]
brecha (f)	**kogelgat (het)**	['kɔxǝlxat]
afundar-se (vr)	**zinken**	['zinkǝn]

frente (m)	**front (het)**	[frɔnt]
evacuação (f)	**evacuatie (de)**	[ɛvakʉ'atsi]
evacuar (vt)	**evacueren**	[ɛvakʉ'erǝn]

trincheira (f)	**loopgraaf (de)**	['lōpxrãf]
arame (m) enfarpado	**prikkeldraad (de)**	['prikǝl·drãt]
barreira (f) anti-tanque	**verdedigingsobstakel (het)**	[vǝr'dedǝhiŋ·ɔp'stakǝl]
torre (f) de vigia	**wachttoren (de)**	['waxt·tɔrǝn]

hospital (m) militar	**hospitaal (het)**	['hɔspitāl]
ferir (vt)	**verwonden**	[vǝr'wɔndǝn]
ferida (f)	**wond (de)**	[wɔnt]
ferido (m)	**gewonde (de)**	[xǝ'wɔndǝ]
ficar ferido	**gewond raken**	[xǝ'wɔnt 'rakǝn]
grave (ferida ~)	**ernstig**	['ɛrnstǝx]

113. Guerra. Ações militares. Parte 2

cativeiro (m)	**krijgsgevangenschap (de)**	['krɛjxs·xǝ'vaŋǝnsxap]
capturar (vt)	**krijgsgevangen nemen**	['krɛjxs·xǝ'vaŋǝn 'nemǝn]
estar em cativeiro	**krijgsgevangene zijn**	['krɛjxs·xǝ'vaŋǝnǝ zɛjn]
ser aprisionado	**krijgsgevangen genomen worden**	['krɛjxs·xǝ'vaŋǝn xǝ'nɔmǝn 'wɔrdǝn]

campo (m) de concentração	**concentratiekamp (het)**	[kɔnsǝn'tratsi·kamp]
prisioneiro (m) de guerra	**krijgsgevangene (de)**	['krɛjxs·xǝ'vaŋǝnǝ]
escapar (vi)	**vluchten**	['vlʉxtǝn]

trair (vt)	**verraden**	[vǝ'radǝn]
traidor (m)	**verrader (de)**	[vǝ'radǝr]
traição (f)	**verraad (het)**	[vǝ'rãt]

fuzilar, executar (vt)	**fusilleren**	[fʉzi'jerǝn]
fuzilamento (m)	**executie (de)**	[ɛkse'kʉtsi]

equipamento (m)	**uitrusting (de)**	['œytrystiŋ]
insígnia (f) de ombro	**schouderstuk (het)**	['sxaudǝr·'stʉk]
máscara (f) de gás	**gasmasker (het)**	[xas·'maskǝr]

rádio (m)	**portofoon (de)**	[pɔrtɔ'fōn]
cifra (f), código (m)	**geheime code (de)**	[xǝ'hɛjmǝ 'kɔdǝ]
conspiração (f)	**samenzwering (de)**	['samǝnzweriŋ]
senha (f)	**wachtwoord (het)**	['waxt·wōrt]

mina (f)	**mijn (de)**	[mɛjn]
minar (vt)	**ondermijnen**	['ɔndǝr'mɛjnǝn]
campo (m) minado	**mijnenveld (het)**	['mɛjnǝn·vɛlt]
alarme (m) aéreo	**luchtalarm (het)**	['lʉxt·a'larm]
alarme (m)	**alarm (het)**	[a'larm]

| sinal (m) | signaal (het) | [si'njāl] |
| sinalizador (m) | vuurpijl (de) | ['vūr·pɛjl] |

quartel-general (m)	staf (de)	['staf]
reconhecimento (m)	verkenning (de)	[vər'keniŋ]
situação (f)	toestand (de)	['tustant]
relatório (m)	rapport (het)	[ra'pɔrt]
emboscada (f)	hinderlaag (de)	['hindər·lāx]
reforço (m)	versterking (de)	[vər'stɛrkiŋ]

alvo (m)	doel (het)	[dul]
campo (m) de tiro	proefterrein (het)	['pruf·te'rɛjn]
manobras (f pl)	manoeuvres	[ma'nøvrɛs]

pânico (m)	paniek (de)	[pa'nik]
devastação (f)	verwoesting (de)	[vər'wustiŋ]
ruínas (f pl)	verwoestingen	[vər'wustiŋən]
destruir (vt)	verwoesten	[vər'wustən]

sobreviver (vi)	overleven	[ɔvər'levən]
desarmar (vt)	ontwapenen	[ɔnt'wapənən]
manusear (vt)	behandelen	[bə'handələn]

| Sentido! | Geeft acht! | [xēft 'aht] |
| Descansar! | Op de plaats rust! | [ɔp də plāts 'rʉst] |

façanha (f)	heldendaad (de)	['hɛldən·dāt]
juramento (m)	eed (de)	[ēd]
jurar (vi)	zweren	['zwerən]

condecoração (f)	decoratie (de)	[dekɔ'ratsi]
condecorar (vt)	onderscheiden	['ɔndər'sxɛjdən]
medalha (f)	medaille (de)	[me'dajə]
ordem (f)	orde (de)	['ɔrdə]

vitória (f)	overwinning (de)	[ɔvər'winiŋ]
derrota (f)	verlies (het)	[vər'lis]
armistício (m)	wapenstilstand (de)	['wapən·'stilstant]

bandeira (f)	wimpel (de)	['wimpəl]
glória (f)	roem (de)	[rum]
parada (f)	parade (de)	[pa'radə]
marchar (vi)	marcheren	[mar'ʃerən]

114. Armas

arma (f)	wapens	['wapəns]
arma (f) de fogo	vuurwapens	[vūr·'wapəns]
arma (f) branca	koude wapens	['kaudə 'wapəns]

arma (f) química	chemische wapens	['hemisə 'wapəns]
nuclear (adj)	kern-, nucleair	[kɛrn], [nʉkle'ɛr]
arma (f) nuclear	kernwapens	[kɛrn·'wapəns]
bomba (f)	bom (de)	[bɔm]

bomba (f) atômica	atoombom (de)	[a'tōm·bɔm]
pistola (f)	pistool (het)	[pi'stōl]
rifle (m)	geweer (het)	[xə'wēr]
semi-automática (f)	machinepistool (het)	[ma'ʃinə·pis'tōl]
metralhadora (f)	machinegeweer (het)	[ma'ʃinə·xə'wēr]

boca (f)	loop (de)	[lōp]
cano (m)	loop (de)	[lōp]
calibre (m)	kaliber (het)	[ka'libər]

gatilho (m)	trekker (de)	['trɛkər]
mira (f)	korrel (de)	['kɔrəl]
carregador (m)	magazijn (het)	[maxa'zɛjn]
coronha (f)	geweerkolf (de)	[xə'wēr·kɔlf]

granada (f) de mão	granaat (de)	[xra'nāt]
explosivo (m)	explosieven	[ɛksplɔ'zivən]

bala (f)	kogel (de)	['kɔxəl]
cartucho (m)	patroon (de)	[pa'trōn]
carga (f)	lading (de)	['ladiŋ]
munições (f pl)	ammunitie (de)	[amʉ'nitsi]

bombardeiro (m)	bommenwerper (de)	['bɔmən·'wɛrpər]
avião (m) de caça	straaljager (de)	['strāl·'jaxər]
helicóptero (m)	helikopter (de)	[heli'kɔptər]

canhão (m) antiaéreo	afweergeschut (het)	['afwēr·xəsxʉt]
tanque (m)	tank (de)	[tank]
canhão (de um tanque)	kanon (het)	[ka'nɔn]

artilharia (f)	artillerie (de)	[artile'ri]
canhão (m)	kanon (het)	[ka'nɔn]
fazer a pontaria	aanleggen	['ānlexən]

projétil (m)	projectiel (het)	[prɔjek'til]
granada (f) de morteiro	mortiergranaat (de)	[mɔr'tir·xra'nāt]
morteiro (m)	mortier (de)	[mɔr'tir]
estilhaço (m)	granaatscherf (de)	[xra'nāt·'sxerf]

submarino (m)	duikboot (de)	['dœʏk·bōt]
torpedo (m)	torpedo (de)	[tɔr'pedɔ]
míssil (m)	raket (de)	[ra'kɛt]

carregar (uma arma)	laden	['ladən]
disparar, atirar (vi)	schieten	['sxitən]
apontar para …	richten op	['rixtən ɔp]
baioneta (f)	bajonet (de)	[bajo'nɛt]

espada (f)	degen (de)	['dexən]
sabre (m)	sabel (de)	['sabəl]
lança (f)	speer (de)	[spēr]
arco (m)	boog (de)	[bōx]
flecha (f)	pijl (de)	[pɛjl]
mosquete (m)	musket (de)	[mʉs'kɛt]
besta (f)	kruisboog (de)	['krœʏs·bōx]

115. Povos da antiguidade

primitivo (adj)	primitief	['primi'tif]
pré-histórico (adj)	voorhistorisch	['võrhis'tɔris]
antigo (adj)	eeuwenoude	[ēwə'naudə]
Idade (f) da Pedra	Steentijd (de)	['stēn·tɛjt]
Idade (f) do Bronze	Bronstijd (de)	['brɔns·tɛjt]
Era (f) do Gelo	IJstijd (de)	['ɛjs·tɛjt]
tribo (f)	stam (de)	[stam]
canibal (m)	menseneter (de)	['mɛnsən·'ɛtər]
caçador (m)	jager (de)	['jaxər]
caçar (vi)	jagen	['jaxən]
mamute (m)	mammoet (de)	[ma'mut]
caverna (f)	grot (de)	[xrɔt]
fogo (m)	vuur (het)	[vūr]
fogueira (f)	kampvuur (het)	['kampvūr]
pintura (f) rupestre	rotstekening (de)	['rɔts·tekəniŋ]
ferramenta (f)	werkinstrument (het)	['wɛrk·instrʉ'mɛnt]
lança (f)	speer (de)	[spēr]
machado (m) de pedra	stenen bijl (de)	['stenən bɛjl]
guerrear (vt)	oorlog voeren	['õrlɔx 'vurən]
domesticar (vt)	temmen	['tɛmən]
ídolo (m)	idool (het)	[i'dōl]
adorar, venerar (vt)	aanbidden	[ām'bidən]
superstição (f)	bijgeloof (het)	['bɛjxəlõf]
ritual (m)	ritueel (het)	[ritʉ'ēl]
evolução (f)	evolutie (de)	[ɛvɔ'lʉtsi]
desenvolvimento (m)	ontwikkeling (de)	[ɔnt'wikəliŋ]
extinção (f)	verdwijning (de)	[vərd'wɛjniŋ]
adaptar-se (vr)	zich aanpassen	[zix 'ānpasən]
arqueologia (f)	archeologie (de)	[arheɔlɔ'xi]
arqueólogo (m)	archeoloog (de)	[arheɔ'lōx]
arqueológico (adj)	archeologisch	[arheɔ'lɔxis]
escavação (sítio)	opgravingsplaats (de)	['ɔpxraviŋs·plāts]
escavações (f pl)	opgravingen	['ɔpxraviŋən]
achado (m)	vondst (de)	[vɔntst]
fragmento (m)	fragment (het)	[frax'mɛnt]

116. Idade média

povo (m)	volk (het)	[vɔlk]
povos (m pl)	volkeren	['vɔlkərən]
tribo (f)	stam (de)	[stam]
tribos (f pl)	stammen	['stamən]
bárbaros (pl)	barbaren	[bar'barən]

galeses (pl)	**Galliërs**	['xaliers]
godos (pl)	**Goten**	['xɔtən]
eslavos (pl)	**Slaven**	['slavən]
viquingues (pl)	**Vikings**	['vikiŋs]
romanos (pl)	**Romeinen**	[rɔ'mɛjnən]
romano (adj)	**Romeins**	[rɔ'mɛjns]
bizantinos (pl)	**Byzantijnen**	[bizan'tɛjnən]
Bizâncio	**Byzantium (het)**	[bi'zantijum]
bizantino (adj)	**Byzantijns**	[bizan'tɛjns]
imperador (m)	**keizer (de)**	['kɛjzər]
líder (m)	**opperhoofd (het)**	['ɔpərhōft]
poderoso (adj)	**machtig**	['mahtəx]
rei (m)	**koning (de)**	['kɔniŋ]
governante (m)	**heerser (de)**	['hērsər]
cavaleiro (m)	**ridder (de)**	['ridər]
senhor feudal (m)	**feodaal (de)**	[feɔ'dāl]
feudal (adj)	**feodaal**	[feɔ'dāl]
vassalo (m)	**vazal (de)**	[va'zal]
duque (m)	**hertog (de)**	['hɛrtɔx]
conde (m)	**graaf (de)**	[xrāf]
barão (m)	**baron (de)**	[ba'rɔn]
bispo (m)	**bisschop (de)**	['bisxɔp]
armadura (f)	**harnas (het)**	['harnas]
escudo (m)	**schild (het)**	[sxilt]
espada (f)	**zwaard (het)**	[zwārt]
viseira (f)	**vizier (het)**	[vi'zir]
cota (f) de malha	**maliënkolder (de)**	['malien·'kɔldər]
cruzada (f)	**kruistocht (de)**	['krœys·tɔxt]
cruzado (m)	**kruisvaarder (de)**	['krœys·'vārdər]
território (m)	**gebied (het)**	[xə'bit]
atacar (vt)	**aanvallen**	['ānvalən]
conquistar (vt)	**veroveren**	[və'rɔvərən]
ocupar, invadir (vt)	**innemen**	['innemən]
assédio, sítio (m)	**bezetting (de)**	[bə'zɛtiŋ]
sitiado (adj)	**belegerd**	[bə'lexert]
assediar, sitiar (vt)	**belegeren**	[bə'lexerən]
inquisição (f)	**inquisitie (de)**	[inkvi'zitsi]
inquisidor (m)	**inquisiteur (de)**	[inkvizi'tør]
tortura (f)	**foltering (de)**	['fɔltəriŋ]
cruel (adj)	**wreed**	[wrēt]
herege (m)	**ketter (de)**	['kɛtər]
heresia (f)	**ketterij (de)**	[kɛtə'rɛj]
navegação (f) marítima	**zeevaart (de)**	['zē·vārt]
pirata (m)	**piraat (de)**	[pi'rāt]
pirataria (f)	**piraterij (de)**	[piratə'rɛj]

abordagem (f)	enteren (het)	['ɛntərən]
presa (f), butim (m)	buit (de)	['bœʏt]
tesouros (m pl)	schatten	['sxatən]

descobrimento (m)	ontdekking (de)	[ɔn'dɛkiŋ]
descobrir (novas terras)	ontdekken	[ɔn'dɛkən]
expedição (f)	expeditie (de)	[ɛkspe'ditsi]

mosqueteiro (m)	musketier (de)	[mʉskə'tir]
cardeal (m)	kardinaal (de)	[kardi'nāl]
heráldica (f)	heraldiek (de)	[hɛral'dik]
heráldico (adj)	heraldisch	[hɛ'raldis]

117. Líder. Chefe. Autoridades

rei (m)	koning (de)	['kɔniŋ]
rainha (f)	koningin (de)	[kɔniŋ'in]
real (adj)	koninklijk	['kɔninklək]
reino (m)	koninkrijk (het)	['kɔninkrɛjk]

| príncipe (m) | prins (de) | [prins] |
| princesa (f) | prinses (de) | [prin'sɛs] |

presidente (m)	president (de)	[prezi'dɛnt]
vice-presidente (m)	vicepresident (de)	['visə·prezi'dɛnt]
senador (m)	senator (de)	[se'natɔr]

monarca (m)	monarch (de)	[mɔ'narx]
governante (m)	heerser (de)	['hērsər]
ditador (m)	dictator (de)	[dik'tatɔr]
tirano (m)	tiran (de)	[ti'ran]
magnata (m)	magnaat (de)	[max'nāt]

diretor (m)	directeur (de)	[dirɛk'tør]
chefe (m)	chef (de)	[ʃɛf]
gerente (m)	beheerder (de)	[bə'hērdər]
patrão (m)	baas (de)	[bās]
dono (m)	eigenaar (de)	['ɛjxənār]

líder (m)	leider (de)	['lɛjdər]
chefe (m)	hoofd (het)	[hōft]
autoridades (f pl)	autoriteiten	[autori'tɛjtən]
superiores (m pl)	superieuren	[sʉpə'rørən]

governador (m)	gouverneur (de)	[xuvɛr'nør]
cônsul (m)	consul (de)	['kɔnsʉl]
diplomata (m)	diplomaat (de)	[diplo'māt]
Presidente (m) da Câmara	burgemeester (de)	[bʉrxə·'mēstər]
xerife (m)	sheriff (de)	['ʃerif]

imperador (m)	keizer (de)	['kɛjzər]
czar (m)	tsaar (de)	[tsār]
faraó (m)	farao (de)	['faraɔ]
cã, khan (m)	kan (de)	[kan]

118. Violação da lei. Criminosos. Parte 1

bandido (m)	bandiet (de)	[ban'dit]
crime (m)	misdaad (de)	['misdāt]
criminoso (m)	misdadiger (de)	[mis'dadixər]
ladrão (m)	dief (de)	[dif]
roubar (vt)	stelen	['stelən]
roubo (atividade)	stelen (de)	['stelən]
furto (m)	diefstal (de)	['difstal]
raptar, sequestrar (vt)	kidnappen	[kid'nɛpən]
sequestro (m)	kidnapping (de)	[kid'nɛpiŋ]
sequestrador (m)	kidnapper (de)	[kid'nɛpər]
resgate (m)	losgeld (het)	['lɔshəlt]
pedir resgate	eisen losgeld	['ɛjsən 'lɔshəlt]
roubar (vt)	overvallen	[ɔvər'valən]
assalto, roubo (m)	overval (de)	[ɔvər'val]
assaltante (m)	overvaller (de)	[ɔvər'valər]
extorquir (vt)	afpersen	['afpɛrsən]
extorsionário (m)	afperser (de)	['afpɛrsər]
extorsão (f)	afpersing (de)	['afpɛrsiŋ]
matar, assassinar (vt)	vermoorden	[vər'mōrdən]
homicídio (m)	moord (de)	[mōrt]
homicida, assassino (m)	moordenaar (de)	['mōrdənār]
tiro (m)	schot (het)	[sxɔt]
dar um tiro	een schot lossen	[en sxɔt 'lɔsən]
matar a tiro	neerschieten	[nēr'sxitən]
disparar, atirar (vi)	schieten	['sxitən]
tiroteio (m)	schieten (het)	['sxitən]
incidente (m)	ongeluk (het)	['ɔnxəlʉk]
briga (~ de rua)	gevecht (het)	[xə'vɛht]
Socorro!	Help!	[hɛlp]
vítima (f)	slachtoffer (het)	['slaxtɔfər]
danificar (vt)	beschadigen	[bə'sxadəxən]
dano (m)	schade (de)	['sxadə]
cadáver (m)	lijk (het)	[lɛjk]
grave (adj)	zwaar	[zwãr]
atacar (vt)	aanvallen	['ānvalən]
bater (espancar)	slaan	[slãn]
espancar (vt)	in elkaar slaan	[in ɛl'kãr slãn]
tirar, roubar (dinheiro)	ontnemen	[ɔnt'nemən]
esfaquear (vt)	steken	['stekən]
mutilar (vt)	verminken	[vər'minkən]
ferir (vt)	verwonden	[vər'wɔndən]
chantagem (f)	chantage (de)	[ʃʌn'taʒə]
chantagear (vt)	chanteren	[ʃʌn'terən]

chantagista (m)	chanteur (de)	[ʃʌn'tør]
extorsão (f)	afpersing (de)	['afpɛrsiŋ]
extorsionário (m)	afperser (de)	['afpɛrsər]
gângster (m)	gangster (de)	['xɛŋstər]
máfia (f)	maffia (de)	['mafia]

punguista (m)	kruimeldief (de)	['krœʏmɛldif]
assaltante, ladrão (m)	inbreker (de)	['inbrekər]
contrabando (m)	smokkelen (het)	['smɔkələn]
contrabandista (m)	smokkelaar (de)	['smɔkəlãr]

falsificação (f)	namaak (de)	['namãk]
falsificar (vt)	namaken	['namakən]
falsificado (adj)	vals, namaak-	[vals], ['namãk]

119. Violação da lei. Criminosos. Parte 2

estupro (m)	verkrachting (de)	[vər'kraxtiŋ]
estuprar (vt)	verkrachten	[vər'kraxtən]
estuprador (m)	verkrachter (de)	[vər'kraxtər]
maníaco (m)	maniak (de)	[mani'ak]

prostituta (f)	prostituee (de)	[prɔstitʉ'ē]
prostituição (f)	prostitutie (de)	[prɔsti'tʉtsi]
cafetão (m)	pooier (de)	['põjər]

drogado (m)	drugsverslaafde (de)	['drʉks·vər'slãfdə]
traficante (m)	drugshandelaar (de)	['drʉks·'handəlãr]

explodir (vt)	opblazen	['ɔpblazən]
explosão (f)	explosie (de)	[ɛks'plɔzi]
incendiar (vt)	in brand steken	[in brant 'stekən]
incendiário (m)	brandstichter (de)	['brant·stixtər]

terrorismo (m)	terrorisme (het)	[tɛrɔ'rismə]
terrorista (m)	terrorist (de)	[tɛrɔ'rist]
refém (m)	gijzelaar (de)	['xɛjzəlãr]

enganar (vt)	bedriegen	[bə'drixən]
engano (m)	bedrog (het)	[bə'drɔx]
vigarista (m)	oplichter (de)	['ɔplixtər]

subornar (vt)	omkopen	[ɔmkɔpən]
suborno (atividade)	omkoperij (de)	[ɔmkɔpərɛj]
suborno (dinheiro)	smeergeld (het)	['smēr·xɛlt]

veneno (m)	vergif (het)	[vər'xif]
envenenar (vt)	vergiftigen	[vər'xiftixən]
envenenar-se (vr)	vergif innemen	[vər'xif 'innemən]

suicídio (m)	zelfmoord (de)	['zɛlf·mõrt]
suicida (m)	zelfmoordenaar (de)	['zɛlf·mõrdə'nãr]
ameaçar (vt)	bedreigen	[bə'drɛjxən]
ameaça (f)	bedreiging (de)	[bə'drɛjxiŋ]

atentar contra a vida de ...	**een aanslag plegen**	[en 'ānslax 'plexən]
atentado (m)	**aanslag (de)**	['ānslax]
roubar (um carro)	**stelen**	['stelən]
sequestrar (um avião)	**kapen**	['kapən]
vingança (f)	**wraak (de)**	[wrāk]
vingar (vt)	**wreken**	['wrekən]
torturar (vt)	**martelen**	['martələn]
tortura (f)	**foltering (de)**	['fɔltəriŋ]
atormentar (vt)	**folteren**	['fɔltərən]
pirata (m)	**piraat (de)**	[pi'rāt]
desordeiro (m)	**straatschender (de)**	['strāt·sxəndə]
armado (adj)	**gewapend**	[xə'wapənt]
violência (f)	**geweld (het)**	[xə'wɛlt]
ilegal (adj)	**onwettig**	[ɔn'wɛtəx]
espionagem (f)	**spionage (de)**	[spijo'naʒə]
espionar (vi)	**spioneren**	[spijo'nerən]

120. Polícia. Lei. Parte 1

justiça (sistema de ~)	**justitie (de)**	[jus'titsi]
tribunal (m)	**gerechtshof (het)**	[xe'rɛhtshɔf]
juiz (m)	**rechter (de)**	['rɛxtər]
jurados (m pl)	**jury (de)**	['ʒuri]
tribunal (m) do júri	**juryrechtspraak (de)**	['ʒuri·'rɛxtsprāk]
julgar (vt)	**berechten**	[bə'rɛxtən]
advogado (m)	**advocaat (de)**	[atvɔ'kāt]
réu (m)	**beklaagde (de)**	[bə'klāxdə]
banco (m) dos réus	**beklaagdenbank (de)**	[bə'klāxdən·bank]
acusação (f)	**beschuldiging (de)**	[bə'sxuldəxiŋ]
acusado (m)	**beschuldigde (de)**	[bə'sxuldəxdə]
sentença (f)	**vonnis (het)**	['vɔnis]
sentenciar (vt)	**veroordelen**	[və'rōrdələn]
culpado (m)	**schuldige (de)**	['sxuldixə]
punir (vt)	**straffen**	['strafən]
punição (f)	**bestraffing (de)**	[bə'strafiŋ]
multa (f)	**boete (de)**	['butə]
prisão (f) perpétua	**levenslange opsluiting (de)**	['levənslaŋə 'ɔpslœʏtiŋ]
pena (f) de morte	**doodstraf (de)**	['dōd·straf]
cadeira (f) elétrica	**elektrische stoel (de)**	[ɛ'lɛktrisə stul]
forca (f)	**schavot (het)**	[sxa'vɔt]
executar (vt)	**executeren**	[ɛksekʉ'terən]
execução (f)	**executie (de)**	[ɛkse'kʉtsi]

| prisão (f) | gevangenis (de) | [xə'vaŋənis] |
| cela (f) de prisão | cel (de) | [sɛl] |

escolta (f)	konvooi (het)	[kɔn'võj]
guarda (m) prisional	gevangenisbewaker (de)	[xə'vaŋənis·bə'wakər]
preso, prisioneiro (m)	gedetineerde (de)	[xədeti'nērdə]

| algemas (f pl) | handboeien | ['hant·bujən] |
| algemar (vt) | handboeien omdoen | ['hantbujən 'ɔmdun] |

fuga, evasão (f)	ontsnapping (de)	[ɔnt'snapiŋ]
fugir (vi)	ontsnappen	[ɔnt'snapən]
desaparecer (vi)	verdwijnen	[vərd'wɛjnən]
soltar, libertar (vt)	vrijlaten	['vrɛjlatən]
anistia (f)	amnestie (de)	[amnɛs'ti]

polícia (instituição)	politie (de)	[pɔ'litsi]
polícia (m)	politieagent (de)	[pɔ'litsi·a'xɛnt]
delegacia (f) de polícia	politiebureau (het)	[pɔ'litsi·bʉ'rɔ]
cassetete (m)	knuppel (de)	['knʉpəl]
megafone (m)	megafoon (de)	[mexa'fõn]

carro (m) de patrulha	patrouilleerwagen (de)	[patru'jēr·'waxən]
sirene (f)	sirene (de)	[si'renə]
ligar a sirene	de sirene aansteken	[də si'renə 'ānstekən]
toque (m) da sirene	geloei (het) van de sirene	[xə'lui van də si'renə]

cena (f) do crime	plaats delict (de)	[plāts dɛ'likt]
testemunha (f)	getuige (de)	[xə'tœɣxə]
liberdade (f)	vrijheid (de)	['vrɛjhɛjt]
cúmplice (m)	handlanger (de)	['hantlaŋər]
escapar (vi)	ontvluchten	[ɔn'flʉxtən]
traço (não deixar ~s)	spoor (het)	[spõr]

121. Polícia. Lei. Parte 2

procura (f)	opsporing (de)	['ɔpspɔriŋ]
procurar (vt)	opsporen	['ɔpspɔrən]
suspeita (f)	verdenking (de)	[vər'dɛnkiŋ]
suspeito (adj)	verdacht	[vər'daxt]
parar (veículo, etc.)	aanhouden	['ānhaudən]
deter (fazer parar)	tegenhouden	['texən·'haudən]

caso (~ criminal)	strafzaak (de)	['straf·zāk]
investigação (f)	onderzoek (het)	['ɔndərzuk]
detetive (m)	detective (de)	[de'tɛktif]
investigador (m)	onderzoeksrechter (de)	['ɔndərzuks 'rɛxtər]
versão (f)	versie (de)	['vɛrsi]

motivo (m)	motief (het)	[mɔ'tif]
interrogatório (m)	verhoor (het)	[vər'hõr]
interrogar (vt)	ondervragen	['ɔndər'vraxən]
questionar (vt)	ondervragen	['ɔndər'vraxən]
verificação (f)	controle (de)	[kɔn'trɔlə]

batida (f) policial	razzia (de)	['razia]
busca (f)	huiszoeking (de)	['hœys·'zukiŋ]
perseguição (f)	achtervolging (de)	['axtərvɔlxiŋ]
perseguir (vt)	achtervolgen	['axtərvɔlxən]
seguir, rastrear (vt)	opsporen	['ɔpspɔrən]
prisão (f)	arrest (het)	[a'rɛst]
prender (vt)	arresteren	[arɛ'sterən]
pegar, capturar (vt)	vangen, aanhouden	['vaŋən], [ān'haudən]
captura (f)	aanhouding (de)	['ānhaudiŋ]
documento (m)	document (het)	[dɔkʉ'mɛnt]
prova (f)	bewijs (het)	[bə'wɛjs]
provar (vt)	bewijzen	[bə'wɛjzən]
pegada (f)	voetspoor (het)	['vutspōr]
impressões (f pl) digitais	vingerafdrukken	['viŋər·'afdrʉkən]
prova (f)	bewijs (het)	[bə'wɛjs]
álibi (m)	alibi (het)	['alibi]
inocente (adj)	onschuldig	[ɔn'sxʉldəx]
injustiça (f)	onrecht (het)	['ɔnrɛxt]
injusto (adj)	onrechtvaardig	['ɔnrɛxt 'vārdəx]
criminal (adj)	crimineel	[krimi'nēl]
confiscar (vt)	confisqueren	[kɔnfi'skerən]
droga (f)	drug (de)	[drʉx]
arma (f)	wapen (het)	['wapən]
desarmar (vt)	ontwapenen	[ɔnt'wapənən]
ordenar (vt)	bevelen	[bə'velən]
desaparecer (vi)	verdwijnen	[vərd'wɛjnən]
lei (f)	wet (de)	[wɛt]
legal (adj)	wettelijk	['wɛtələk]
ilegal (adj)	onwettelijk	[ɔn'wɛtələk]
responsabilidade (f)	verantwoordelijkheid (de)	[vərant·'wōrdələk 'hɛjt]
responsável (adj)	verantwoordelijk	[vərant·'wōrdələk]

NATUREZA

A Terra. Parte 1

122. Espaço sideral

espaço, cosmo (m)	kosmos (de)	['kɔsmɔs]
espacial, cósmico (adj)	kosmisch	['kɔsmis]
espaço (m) cósmico	kosmische ruimte (de)	['kɔsmisə 'rœʏmtə]
mundo (m)	wereld (de)	['werəlt]
universo (m)	heelal (het)	[hē'lal]
galáxia (f)	sterrenstelsel (het)	['stɛrən·'stɛlsəl]
estrela (f)	ster (de)	[stɛr]
constelação (f)	sterrenbeeld (het)	['stɛrən·bēlt]
planeta (m)	planeet (de)	[pla'nēt]
satélite (m)	satelliet (de)	[satə'lit]
meteorito (m)	meteoriet (de)	[meteɔ'rit]
cometa (m)	komeet (de)	[kɔ'mēt]
asteroide (m)	asteroïde (de)	[aste'rɔidə]
órbita (f)	baan (de)	[bān]
girar (vi)	draaien	['drājən]
atmosfera (f)	atmosfeer (de)	[atmɔ'sfēr]
Sol (m)	Zon (de)	[zɔn]
Sistema (m) Solar	zonnestelsel (het)	['zɔnə·stɛlsəl]
eclipse (m) solar	zonsverduistering (de)	['zɔns·vər'dœʏsteriŋ]
Terra (f)	Aarde (de)	['ārdə]
Lua (f)	Maan (de)	[mān]
Marte (m)	Mars (de)	[mars]
Vênus (f)	Venus (de)	['venʉs]
Júpiter (m)	Jupiter (de)	[jupi'tɛr]
Saturno (m)	Saturnus (de)	[sa'tʉrnʉs]
Mercúrio (m)	Mercurius (de)	[mər'kʉrijus]
Urano (m)	Uranus (de)	[u'ranʉs]
Netuno (m)	Neptunus (de)	[nep'tʉnʉs]
Plutão (m)	Pluto (de)	['plʉtɔ]
Via Láctea (f)	Melkweg (de)	['mɛlk·wɛx]
Ursa Maior (f)	Grote Beer (de)	['xrɔtə bēr]
Estrela Polar (f)	Poolster (de)	['pōlstər]
marciano (m)	marsmannetje (het)	['mars·'manɛtʃə]
extraterrestre (m)	buitenaards wezen (het)	['bœʏtən·ārts 'wezən]

alienígena (m)	bovenaards (het)	['bovən·ārts]
disco (m) voador	vliegende schotel (de)	['vlixəndə 'sxɔtəl]
espaçonave (f)	ruimtevaartuig (het)	['rœʏmtə·'vārtœʏx]
estação (f) orbital	ruimtestation (het)	['rœʏmtə·sta'tsjɔn]
lançamento (m)	start (de)	[start]
motor (m)	motor (de)	['mɔtɔr]
bocal (m)	straalpijp (de)	['strāl·pɛjp]
combustível (m)	brandstof (de)	['brandstɔf]
cabine (f)	cabine (de)	[ka'binə]
antena (f)	antenne (de)	[an'tɛnə]
vigia (f)	patrijspoort (de)	[pa'trɛjs·pōrt]
bateria (f) solar	zonnebatterij (de)	['zɔnə·batə'rɛj]
traje (m) espacial	ruimtepak (het)	['rœʏmtə·pak]
imponderabilidade (f)	gewichtloosheid (de)	[xə'wixtlō'shɛjt]
oxigênio (m)	zuurstof (de)	['zūrstɔf]
acoplagem (f)	koppeling (de)	['kɔpəliŋ]
fazer uma acoplagem	koppeling maken	['kɔpəliŋ 'makən]
observatório (m)	observatorium (het)	[ɔbsərva'tɔrijum]
telescópio (m)	telescoop (de)	[telə'skōp]
observar (vt)	waarnemen	['wārnemən]
explorar (vt)	exploreren	[ɛksplɔ'rerən]

123. A Terra

Terra (f)	Aarde (de)	['ārdə]
globo terrestre (Terra)	aardbol (de)	['ārd·bɔl]
planeta (m)	planeet (de)	[pla'nēt]
atmosfera (f)	atmosfeer (de)	[atmɔ'sfēr]
geografia (f)	aardrijkskunde (de)	['ārdrɛjkskʉndə]
natureza (f)	natuur (de)	[na'tūr]
globo (mapa esférico)	wereldbol (de)	['werəld·bɔl]
mapa (m)	kaart (de)	[kārt]
atlas (m)	atlas (de)	['atlas]
Europa (f)	Europa (het)	[ø'rɔpa]
Ásia (f)	Azië (het)	['āzijə]
África (f)	Afrika (het)	['afrika]
Austrália (f)	Australië (het)	[ɔu'straliə]
América (f)	Amerika (het)	[a'merika]
América (f) do Norte	Noord-Amerika (het)	[nōrd-a'merika]
América (f) do Sul	Zuid-Amerika (het)	['zœʏd-a'merika]
Antártida (f)	Antarctica (het)	[an'tarktika]
Ártico (m)	Arctis (de)	['arktis]

124. Pontos cardeais

norte (m)	noorden (het)	['nõrdən]
para norte	naar het noorden	[nãr ət 'nõrdən]
no norte	in het noorden	[in ət 'nõrdən]
do norte (adj)	noordelijk	['nõrdələk]
sul (m)	zuiden (het)	['zœydən]
para sul	naar het zuiden	[nãr ət zœydən]
no sul	in het zuiden	[in ət 'zœydən]
do sul (adj)	zuidelijk	['zœydələk]
oeste, ocidente (m)	westen (het)	['wɛstən]
para oeste	naar het westen	[nãr ət 'wɛstən]
no oeste	in het westen	[in ət 'wɛstən]
ocidental (adj)	westelijk	['wɛstələk]
leste, oriente (m)	oosten (het)	['õstən]
para leste	naar het oosten	[nãr ət 'õstən]
no leste	in het oosten	[in ət 'õstən]
oriental (adj)	oostelijk	['õstələk]

125. Mar. Oceano

mar (m)	zee (de)	[zẽ]
oceano (m)	oceaan (de)	[ɔse'ãn]
golfo (m)	golf (de)	[xɔlf]
estreito (m)	straat (de)	[strãt]
terra (f) firme	grond (de)	['xrɔnt]
continente (m)	continent (het)	[kɔnti'nɛnt]
ilha (f)	eiland (het)	['ɛjlant]
península (f)	schiereiland (het)	['sxir·ɛjlant]
arquipélago (m)	archipel (de)	[arxipɛl]
baía (f)	baai, bocht (de)	[bãj], [bɔxt]
porto (m)	haven (de)	['havən]
lagoa (f)	lagune (de)	[la'xʉnə]
cabo (m)	kaap (de)	[kãp]
atol (m)	atol (de)	[a'tɔl]
recife (m)	rif (het)	[rif]
coral (m)	koraal (het)	[kɔ'rãl]
recife (m) de coral	koraalrif (het)	[kɔ'rãl·rif]
profundo (adj)	diep	[dip]
profundidade (f)	diepte (de)	['diptə]
abismo (m)	diepzee (de)	[dip·zẽ]
fossa (f) oceânica	trog (de)	[trɔx]
corrente (f)	stroming (de)	['strɔmiŋ]
banhar (vt)	omspoelen	['ɔmspulən]
litoral (m)	oever (de)	['uvər]

costa (f)	kust (de)	[kʉst]
maré (f) alta	vloed (de)	['vlut]
refluxo (m)	eb (de)	[ɛb]
restinga (f)	ondiepte (de)	[ɔn'diptə]
fundo (m)	bodem (de)	['bɔdəm]
onda (f)	golf (de)	[xɔlf]
crista (f) da onda	golfkam (de)	['xɔlfkam]
espuma (f)	schuim (het)	['sxœɣm]
tempestade (f)	storm (de)	[stɔrm]
furacão (m)	orkaan (de)	[ɔr'kān]
tsunami (m)	tsunami (de)	[tsʉ'nami]
calmaria (f)	windstilte (de)	['wind·stiltə]
calmo (adj)	kalm	[kalm]
polo (m)	pool (de)	[pōl]
polar (adj)	polair	[pɔ'lɛr]
latitude (f)	breedtegraad (de)	['brētə·xrāt]
longitude (f)	lengtegraad (de)	['lɛŋtə·xrāt]
paralela (f)	parallel (de)	[para'lɛl]
equador (m)	evenaar (de)	['ɛvənār]
céu (m)	hemel (de)	['heməl]
horizonte (m)	horizon (de)	['hɔrizɔn]
ar (m)	lucht (de)	[lʉxt]
farol (m)	vuurtoren (de)	['vūr·tɔrən]
mergulhar (vi)	duiken	['dœɣkən]
afundar-se (vr)	zinken	['zinkən]
tesouros (m pl)	schatten	['sxatən]

126. Nomes de Mares e Oceanos

Oceano (m) Atlântico	Atlantische Oceaan (de)	[at'lantisə ɔse'ān]
Oceano (m) Índico	Indische Oceaan (de)	['indisə ɔse'ān]
Oceano (m) Pacífico	Stille Oceaan (de)	['stilə ɔse'ān]
Oceano (m) Ártico	Noordelijke IJszee (de)	['nōrdələkə 'ɛjs·zē]
Mar (m) Negro	Zwarte Zee (de)	['zwartə zē]
Mar (m) Vermelho	Rode Zee (de)	['rɔdə zē]
Mar (m) Amarelo	Gele Zee (de)	['xelə zē]
Mar (m) Branco	Witte Zee (de)	['witə zē]
Mar (m) Cáspio	Kaspische Zee (de)	['kaspisə zē]
Mar (m) Morto	Dode Zee (de)	['dɔdə zē]
Mar (m) Mediterrâneo	Middellandse Zee (de)	['midəlandsə zē]
Mar (m) Egeu	Egeïsche Zee (de)	[ɛ'xejsə zē]
Mar (m) Adriático	Adriatische Zee (de)	[adri'atisə zē]
Mar (m) Arábico	Arabische Zee (de)	[a'rabisə zē]
Mar (m) do Japão	Japanse Zee (de)	[ja'pansə zē]

| Mar (m) de Bering | Beringzee (de) | ['beriŋ·zē] |
| Mar (m) da China Meridional | Zuid-Chinese Zee (de) | ['zœyd-ʃi'nesə zē] |

Mar (m) de Coral	Koraalzee (de)	[kɔ'rāl·zē]
Mar (m) de Tasman	Tasmanzee (de)	['tasman·zē]
Mar (m) do Caribe	Caribische Zee (de)	[ka'ribisə zē]

| Mar (m) de Barents | Barentszzee (de) | ['barənts·zē] |
| Mar (m) de Kara | Karische Zee (de) | ['karisə zē] |

Mar (m) do Norte	Noordzee (de)	['nōrd·zē]
Mar (m) Báltico	Baltische Zee (de)	['baltisə zē]
Mar (m) da Noruega	Noorse Zee (de)	['nōrsə zē]

127. Montanhas

montanha (f)	berg (de)	[bɛrx]
cordilheira (f)	bergketen (de)	['bɛrx·'ketən]
serra (f)	gebergte (het)	[xə'bɛrxtə]

cume (m)	bergtop (de)	['bɛrx·tɔp]
pico (m)	bergpiek (de)	['bɛrx·pik]
pé (m)	voet (de)	[vut]
declive (m)	helling (de)	['heliŋ]

vulcão (m)	vulkaan (de)	[vʉl'kān]
vulcão (m) ativo	actieve vulkaan (de)	[ak'tivə vʉl'kān]
vulcão (m) extinto	uitgedoofde vulkaan (de)	['œytxədōfdə vyl'kān]

erupção (f)	uitbarsting (de)	['œytbarstiŋ]
cratera (f)	krater (de)	['kratər]
magma (m)	magma (het)	['maxma]
lava (f)	lava (de)	['lava]
fundido (lava ~a)	gloeiend	['xlʉjənt]

cânion, desfiladeiro (m)	kloof (de)	[klōf]
garganta (f)	bergkloof (de)	['bɛrx·klōf]
fenda (f)	spleet (de)	[splet]
precipício (m)	afgrond (de)	['afxrɔnt]

passo, colo (m)	bergpas (de)	['bɛrx·pas]
planalto (m)	plateau (het)	[pla'tɔ]
falésia (f)	klip (de)	[klip]
colina (f)	heuvel (de)	['høvəl]

geleira (f)	gletsjer (de)	['xletʃər]
cachoeira (f)	waterval (de)	['watər·val]
gêiser (m)	geiser (de)	['xɛjzər]
lago (m)	meer (het)	[mēr]

planície (f)	vlakte (de)	['vlaktə]
paisagem (f)	landschap (het)	['landsxap]
eco (m)	echo (de)	['ɛxɔ]
alpinista (m)	alpinist (de)	[alpi'nist]

escalador (m)	bergbeklimmer (de)	['bɛrx·bə'klimər]
conquistar (vt)	trotseren	[trɔ'tserən]
subida, escalada (f)	beklimming (de)	[bə'klimiŋ]

128. Nomes de montanhas

Alpes (m pl)	Alpen (de)	['alpən]
Monte Branco (m)	Mont Blanc (de)	[mɔn blan]
Pirineus (m pl)	Pyreneeën (de)	[pirə'nēən]
Cárpatos (m pl)	Karpaten (de)	[kar'patən]
Urais (m pl)	Oeralgebergte (het)	[ural·xə'bɛrxtə]
Cáucaso (m)	Kaukasus (de)	[kau'kazʉs]
Elbrus (m)	Elbroes (de)	[ɛlb'rus]
Altai (m)	Altaj (de)	[al'taj]
Tian Shan (m)	Tiensjan (de)	[ti'enɕan]
Pamir (m)	Pamir (de)	[pa'mir]
Himalaia (m)	Himalaya (de)	[hima'laja]
monte Everest (m)	Everest (de)	['ɛverɛst]
Cordilheira (f) dos Andes	Andes (de)	['andɛs]
Kilimanjaro (m)	Kilimanjaro (de)	[kiliman'dʒarɔ]

129. Rios

rio (m)	rivier (de)	[ri'vir]
fonte, nascente (f)	bron (de)	[brɔn]
leito (m) de rio	rivierbedding (de)	[ri'vir·'bɛdiŋ]
bacia (f)	rivierbekken (het)	[ri'vir·'bɛkən]
desaguar no ...	uitmonden in ...	['œytmɔndən in]
afluente (m)	zijrivier (de)	[zɛj·ri'vir]
margem (do rio)	oever (de)	['uvər]
corrente (f)	stroming (de)	['strɔmiŋ]
rio abaixo	stroomafwaarts	[strõm·'afwãrts]
rio acima	stroomopwaarts	[strõm·'ɔpwãrts]
inundação (f)	overstroming (de)	[ɔvər'strɔmiŋ]
cheia (f)	overstroming (de)	[ɔvər'strɔmiŋ]
transbordar (vi)	buiten zijn oevers treden	['bœytən zɛjn 'uvərs 'trɛdən]
inundar (vt)	overstromen	[ɔvər'strɔmən]
banco (m) de areia	zandbank (de)	['zant·bank]
corredeira (f)	stroomversnelling (de)	[strõm·vər'sneliŋ]
barragem (f)	dam (de)	[dam]
canal (m)	kanaal (het)	[ka'nãl]
reservatório (m) de água	spaarbekken (het)	['spãr·bɛkən]
eclusa (f)	sluis (de)	['slœys]
corpo (m) de água	waterlichaam (het)	['watər·'lixãm]

pântano (m)	moeras (het)	[mu'ras]
lamaçal (m)	broek (het)	[bruk]
redemoinho (m)	draaikolk (de)	['drāj·kɔlk]
riacho (m)	stroom (de)	[strōm]
potável (adj)	drink-	[drink]
doce (água)	zoet	[zut]
gelo (m)	ijs (het)	[ɛjs]
congelar-se (vr)	bevriezen	[bə'vrizən]

130. Nomes de rios

rio Sena (m)	Seine (de)	['sɛjnə]
rio Loire (m)	Loire (de)	[lu'arə]
rio Tâmisa (m)	Theems (de)	['tɛjms]
rio Reno (m)	Rijn (de)	['rɛjn]
rio Danúbio (m)	Donau (de)	['dɔnau]
rio Volga (m)	Wolga (de)	['wɔlxa]
rio Don (m)	Don (de)	[dɔn]
rio Lena (m)	Lena (de)	['lena]
rio Amarelo (m)	Gele Rivier (de)	['xelə ri'vir]
rio Yangtzé (m)	Blauwe Rivier (de)	['blauə ri'vir]
rio Mekong (m)	Mekong (de)	[me'kɔŋ]
rio Ganges (m)	Ganges (de)	['xaŋəs]
rio Nilo (m)	Nijl (de)	['nɛjl]
rio Congo (m)	Kongo (de)	['kɔnxɔ]
rio Cubango (m)	Okavango (de)	[ɔka'vanxɔ]
rio Zambeze (m)	Zambezi (de)	[zam'bezi]
rio Limpopo (m)	Limpopo (de)	[lim'pɔpɔ]
rio Mississippi (m)	Mississippi (de)	[misi'sipi]

131. Floresta

floresta (f), bosque (m)	bos (het)	[bɔs]
florestal (adj)	bos-	[bɔs]
mata (f) fechada	oerwoud (het)	['urwaut]
arvoredo (m)	bosje (het)	['bɔçə]
clareira (f)	open plek (de)	['ɔpən plek]
matagal (m)	struikgewas (het)	['strœʏk·xə'was]
mato (m), caatinga (f)	struiken	['strœʏkən]
pequena trilha (f)	paadje (het)	['pādjə]
ravina (f)	ravijn (het)	[ra'vɛjn]
árvore (f)	boom (de)	[bōm]
folha (f)	blad (het)	[blat]

folhagem (f)	gebladerte (het)	[xə'bladərtə]
queda (f) das folhas	vallende bladeren	['valəndə 'bladerən]
cair (vi)	vallen	['valən]
topo (m)	boomtop (de)	['bōm·tɔp]
ramo (m)	tak (de)	[tak]
galho (m)	ent (de)	[ɛnt]
botão (m)	knop (de)	[knɔp]
agulha (f)	naald (de)	[nālt]
pinha (f)	dennenappel (de)	['dɛnən·'apəl]
buraco (m) de árvore	boom holte (de)	[bōm 'hɔltə]
ninho (m)	nest (het)	[nɛst]
toca (f)	hol (het)	[hɔl]
tronco (m)	stam (de)	[stam]
raiz (f)	wortel (de)	['wɔrtəl]
casca (f) de árvore	schors (de)	[sxɔrs]
musgo (m)	mos (het)	[mɔs]
arrancar pela raiz	ontwortelen	[ɔnt'wɔrtələn]
cortar (vt)	kappen	['kapən]
desflorestar (vt)	ontbossen	[ɔn'bɔsən]
toco, cepo (m)	stronk (de)	[strɔnk]
fogueira (f)	kampvuur (het)	['kampvūr]
incêndio (m) florestal	bosbrand (de)	['bɔs·brant]
apagar (vt)	blussen	['blʉsən]
guarda-parque (m)	boswachter (de)	[bɔs·'waxtər]
proteção (f)	bescherming (de)	[bə'sxɛrmiŋ]
proteger (a natureza)	beschermen	[bə'sxɛrmən]
caçador (m) furtivo	stroper (de)	['strɔpər]
armadilha (f)	val (de)	[val]
colher (cogumelos, bagas)	plukken	['plʉkən]
perder-se (vr)	verdwalen (de weg kwijt zijn)	[vərd'walən]

132. Recursos naturais

recursos (m pl) naturais	natuurlijke rijkdommen	[na'tūrləkə 'rɛjkdɔmən]
minerais (m pl)	delfstoffen	['dɛlfstɔfən]
depósitos (m pl)	lagen	['laxən]
jazida (f)	veld (het)	[vɛlt]
extrair (vt)	winnen	['winən]
extração (f)	winning (de)	['winiŋ]
minério (m)	erts (het)	[ɛrts]
mina (f)	mijn (de)	[mɛjn]
poço (m) de mina	mijnschacht (de)	['mɛjn·sxaxt]
mineiro (m)	mijnwerker (de)	['mɛjn·wɛrkər]
gás (m)	gas (het)	[xas]
gasoduto (m)	gasleiding (de)	[xas·'lɛjdiŋ]

petróleo (m)	olie (de)	['ɔli]
oleoduto (m)	olieleiding (de)	['ɔli·'lɛjdiŋ]
poço (m) de petróleo	oliebron (de)	['ɔli·brɔn]
torre (f) petrolífera	boortoren (de)	[bōr·'tɔrən]
petroleiro (m)	tanker (de)	['tankər]
areia (f)	zand (het)	[zant]
calcário (m)	kalksteen (de)	['kalkstēn]
cascalho (m)	grind (het)	[xrint]
turfa (f)	veen (het)	[vēn]
argila (f)	klei (de)	[klɛj]
carvão (m)	steenkool (de)	['stēn·kōl]
ferro (m)	ijzer (het)	['ɛjzər]
ouro (m)	goud (het)	['xaut]
prata (f)	zilver (het)	['zilvər]
níquel (m)	nikkel (het)	['nikəl]
cobre (m)	koper (het)	['kɔpər]
zinco (m)	zink (het)	[zink]
manganês (m)	mangaan (het)	[man'xān]
mercúrio (m)	kwik (het)	['kwik]
chumbo (m)	lood (het)	[lōt]
mineral (m)	mineraal (het)	[minə'rāl]
cristal (m)	kristal (het)	[kris'tal]
mármore (m)	marmer (het)	['marmər]
urânio (m)	uraan (het)	[ju'rān]

A Terra. Parte 2

133. Tempo

tempo (m)	weer (het)	[wẽr]
previsão (f) do tempo	weersvoorspelling (de)	['wẽrs·võr'spɛliŋ]
temperatura (f)	temperatuur (de)	[tɛmpəra'tūr]
termômetro (m)	thermometer (de)	['tɛrmɔmetər]
barômetro (m)	barometer (de)	['barɔ'metər]
úmido (adj)	vochtig	['vɔhtəx]
umidade (f)	vochtigheid (de)	['vɔhtixhɛjt]
calor (m)	hitte (de)	['hitə]
tórrido (adj)	heet	[hẽt]
está muito calor	het is heet	[ət is hẽt]
está calor	het is warm	[ət is warm]
quente (morno)	warm	[warm]
está frio	het is koud	[ət is 'kaut]
frio (adj)	koud	['kaut]
sol (m)	zon (de)	[zɔn]
brilhar (vi)	schijnen	['sxɛjnən]
de sol, ensolarado	zonnig	['zɔnɛx]
nascer (vi)	opgaan	['ɔpxān]
pôr-se (vr)	ondergaan	['ɔndərxān]
nuvem (f)	wolk (de)	[wɔlk]
nublado (adj)	bewolkt	[bə'wɔlkt]
nuvem (f) preta	regenwolk (de)	['rexən·wɔlk]
escuro, cinzento (adj)	somber	['sɔmbər]
chuva (f)	regen (de)	['rexən]
está a chover	het regent	[ət 'rexənt]
chuvoso (adj)	regenachtig	['rexənaxtəx]
chuviscar (vi)	motregenen	['mɔtrexənən]
chuva (f) torrencial	plensbui (de)	['plɛnsbœy]
aguaceiro (m)	stortbui (de)	['stɔrt·bœy]
forte (chuva, etc.)	hard	[hart]
poça (f)	plas (de)	[plas]
molhar-se (vr)	nat worden	[nat 'wɔrdən]
nevoeiro (m)	mist (de)	[mist]
de nevoeiro	mistig	['mistəx]
neve (f)	sneeuw (de)	[snẽw]
está nevando	het sneeuwt	[ət 'snẽwt]

134. Tempo extremo. Catástrofes naturais

trovoada (f)	noodweer (het)	['nɔtwer]
relâmpago (m)	bliksem (de)	['bliksəm]
relampejar (vi)	flitsen	['flitsən]
trovão (m)	donder (de)	['dɔndər]
trovejar (vi)	donderen	['dɔndərən]
está trovejando	het dondert	[ət 'dɔndərt]
granizo (m)	hagel (de)	['haxəl]
está caindo granizo	het hagelt	[ət 'haxəlt]
inundar (vt)	overstromen	[ɔvər'strɔmən]
inundação (f)	overstroming (de)	[ɔvər'strɔmiŋ]
terremoto (m)	aardbeving (de)	['ārd·beviŋ]
abalo, tremor (m)	aardschok (de)	['ārd·sxɔk]
epicentro (m)	epicentrum (het)	[ɛpi'sɛntrʉm]
erupção (f)	uitbarsting (de)	['œytbarstiŋ]
lava (f)	lava (de)	['lava]
tornado (m)	wervelwind (de)	['wɛrvəl·vint]
tornado (m)	windhoos (de)	['windhōs]
tufão (m)	tyfoon (de)	[taj'fōn]
furacão (m)	orkaan (de)	[ɔr'kān]
tempestade (f)	storm (de)	[stɔrm]
tsunami (m)	tsunami (de)	[tsʉ'nami]
ciclone (m)	cycloon (de)	[si'klōn]
mau tempo (m)	onweer (het)	['ɔnwēr]
incêndio (m)	brand (de)	[brant]
catástrofe (f)	ramp (de)	[ramp]
meteorito (m)	meteoriet (de)	[meteɔ'rit]
avalanche (f)	lawine (de)	[la'winə]
deslizamento (m) de neve	sneeuwverschuiving (de)	['snēw·fɛrsxœyviŋ]
nevasca (f)	sneeuwjacht (de)	['snēw·jaxt]
tempestade (f) de neve	sneeuwstorm (de)	['snēw·stɔrm]

Fauna

135. Mamíferos. Predadores

predador (m)	roofdier (het)	['rõf·dĩr]
tigre (m)	tijger (de)	['tɛjxər]
leão (m)	leeuw (de)	[lēw]
lobo (m)	wolf (de)	[wɔlf]
raposa (f)	vos (de)	[vɔs]
jaguar (m)	jaguar (de)	['jaguar]
leopardo (m)	luipaard (de)	['lœʏpãrt]
chita (f)	jachtluipaard (de)	['jaxt·lœʏpãrt]
pantera (f)	panter (de)	['pantər]
puma (m)	poema (de)	['puma]
leopardo-das-neves (m)	sneeuwluipaard (de)	['snēw·lœʏpãrt]
lince (m)	lynx (de)	[links]
coiote (m)	coyote (de)	[kɔ'jot]
chacal (m)	jakhals (de)	['jakhals]
hiena (f)	hyena (de)	[hi'ena]

136. Animais selvagens

animal (m)	dier (het)	[dĩr]
besta (f)	beest (het)	[bēst]
esquilo (m)	eekhoorn (de)	['ēkhõrn]
ouriço (m)	egel (de)	['exəl]
lebre (f)	haas (de)	[hãs]
coelho (m)	konijn (het)	[kɔ'nɛjn]
texugo (m)	das (de)	[das]
guaxinim (m)	wasbeer (de)	['wasbēr]
hamster (m)	hamster (de)	['hamstər]
marmota (f)	marmot (de)	[mar'mɔt]
toupeira (f)	mol (de)	[mɔl]
rato (m)	muis (de)	[mœʏs]
ratazana (f)	rat (de)	[rat]
morcego (m)	vleermuis (de)	['vlēr·mœʏs]
arminho (m)	hermelijn (de)	[hɛrmə'lɛjn]
zibelina (f)	sabeldier (het)	['sabəl·dĩr]
marta (f)	marter (de)	['martər]
doninha (f)	wezel (de)	['wezəl]
visom (m)	nerts (de)	[nɛrts]

castor (m)	bever (de)	['bɛvər]
lontra (f)	otter (de)	['ɔtər]
cavalo (m)	paard (het)	[pãrt]
alce (m)	eland (de)	['ɛlant]
veado (m)	hert (het)	[hɛrt]
camelo (m)	kameel (de)	[ka'mēl]
bisão (m)	bizon (de)	[bi'zɔn]
auroque (m)	wisent (de)	['wīzɛnt]
búfalo (m)	buffel (de)	['bʉfəl]
zebra (f)	zebra (de)	['zɛbra]
antílope (m)	antilope (de)	[anti'lɔpə]
corça (f)	ree (de)	[rē]
gamo (m)	damhert (het)	['damhɛrt]
camurça (f)	gems (de)	[xɛms]
javali (m)	everzwijn (het)	['ɛvər·zwɛjn]
baleia (f)	walvis (de)	['walvis]
foca (f)	rob (de)	[rɔb]
morsa (f)	walrus (de)	['walrʉs]
urso-marinho (m)	zeebeer (de)	['zē·bēr]
golfinho (m)	dolfijn (de)	[dɔl'fɛjn]
urso (m)	beer (de)	[bēr]
urso (m) polar	ijsbeer (de)	['ɛjs·bēr]
panda (m)	panda (de)	['panda]
macaco (m)	aap (de)	[āp]
chimpanzé (m)	chimpansee (de)	[ʃimpan'sē]
orangotango (m)	orang-oetan (de)	[ɔ'raŋ-utaŋ]
gorila (m)	gorilla (de)	[xɔ'rila]
macaco (m)	makaak (de)	[ma'kāk]
gibão (m)	gibbon (de)	['xibɔn]
elefante (m)	olifant (de)	['ɔlifant]
rinoceronte (m)	neushoorn (de)	['nøshōrn]
girafa (f)	giraffe (de)	[xi'rafə]
hipopótamo (m)	nijlpaard (het)	['nɛjl·pãrt]
canguru (m)	kangoeroe (de)	['kanxəru]
coala (m)	koala (de)	[kɔ'ala]
mangusto (m)	mangoest (de)	[man'xust]
chinchila (f)	chinchilla (de)	[ʃin'ʃila]
cangambá (f)	stinkdier (het)	['stink·dīr]
porco-espinho (m)	stekelvarken (het)	['stekəl·'varkən]

137. Animais domésticos

gata (f)	poes (de)	[pus]
gato (m) macho	kater (de)	['katər]
cão (m)	hond (de)	[hɔnt]

cavalo (m)	paard (het)	[pãrt]
garanhão (m)	hengst (de)	[hɛŋst]
égua (f)	merrie (de)	['mɛri]
vaca (f)	koe (de)	[ku]
touro (m)	bul, stier (de)	[bʉl], [stir]
boi (m)	os (de)	[ɔs]
ovelha (f)	schaap (het)	[sxãp]
carneiro (m)	ram (de)	[ram]
cabra (f)	geit (de)	[xɛjt]
bode (m)	bok (de)	[bɔk]
burro (m)	ezel (de)	['ezəl]
mula (f)	muilezel (de)	[mœɣlezəl]
porco (m)	varken (het)	['varkən]
leitão (m)	biggetje (het)	['bixətʃə]
coelho (m)	konijn (het)	[kɔ'nɛjn]
galinha (f)	kip (de)	[kip]
galo (m)	haan (de)	[hãn]
pata (f), pato (m)	eend (de)	[ẽnt]
pato (m)	woerd (de)	[wurt]
ganso (m)	gans (de)	[xans]
peru (m)	kalkoen haan (de)	[kal'kun hãn]
perua (f)	kalkoen (de)	[kal'kun]
animais (m pl) domésticos	huisdieren	['hœɣs·'dĩrən]
domesticado (adj)	tam	[tam]
domesticar (vt)	temmen, tam maken	['tɛmən], [tam 'makən]
criar (vt)	fokken	['fɔkən]
fazenda (f)	boerderij (de)	[burdə'rɛj]
aves (f pl) domésticas	gevogelte (het)	[xe'vɔxəltə]
gado (m)	rundvee (het)	['rʉntvẽ]
rebanho (m), manada (f)	kudde (de)	['kʉdə]
estábulo (m)	paardenstal (de)	['pãrdən·stal]
chiqueiro (m)	zwijnenstal (de)	['zwɛjnən·stal]
estábulo (m)	koeienstal (de)	['kujen·stal]
coelheira (f)	konijnenhok (het)	[kɔ'nɛjnən·hɔk]
galinheiro (m)	kippenhok (het)	['kipən·hɔk]

138. Pássaros

pássaro (m), ave (f)	vogel (de)	['vɔxəl]
pombo (m)	duif (de)	['dœɣf]
pardal (m)	mus (de)	[mʉs]
chapim-real (m)	koolmees (de)	['kõlmẽs]
pega-rabuda (f)	ekster (de)	['ɛkstər]
corvo (m)	raaf (de)	[rãf]

gralha-cinzenta (f)	kraai (de)	[krãj]
gralha-de-nuca-cinzenta (f)	kauw (de)	['kau]
gralha-calva (f)	roek (de)	[ruk]
pato (m)	eend (de)	[ẽnt]
ganso (m)	gans (de)	[xans]
faisão (m)	fazant (de)	[fa'zant]
águia (f)	arend (de)	['arənt]
açor (m)	havik (de)	['havik]
falcão (m)	valk (de)	[valk]
abutre (m)	gier (de)	[xir]
condor (m)	condor (de)	['kɔndɔr]
cisne (m)	zwaan (de)	[zwãn]
grou (m)	kraanvogel (de)	['krãn·vɔxəl]
cegonha (f)	ooievaar (de)	['ōjevãr]
papagaio (m)	papegaai (de)	[papə'xãj]
beija-flor (m)	kolibrie (de)	[kɔ'libri]
pavão (m)	pauw (de)	['pau]
avestruz (m)	struisvogel (de)	['strœys·vɔxəl]
garça (f)	reiger (de)	['rɛjxər]
flamingo (m)	flamingo (de)	[fla'mingɔ]
pelicano (m)	pelikaan (de)	[peli'kãn]
rouxinol (m)	nachtegaal (de)	['nahtəxãl]
andorinha (f)	zwaluw (de)	['zwalʉv]
tordo-zornal (m)	lijster (de)	['lɛjstər]
tordo-músico (m)	zanglijster (de)	[zaŋ·'lɛjstər]
melro-preto (m)	merel (de)	['merəl]
andorinhão (m)	gierzwaluw (de)	[xirz'walʉw]
cotovia (f)	leeuwerik (de)	['lēwərik]
codorna (f)	kwartel (de)	['kwartəl]
pica-pau (m)	specht (de)	[spɛxt]
cuco (m)	koekoek (de)	['kukuk]
coruja (f)	uil (de)	['œyl]
bufo-real (m)	oehoe (de)	['uhu]
tetraz-grande (m)	auerhoen (het)	['auər·hun]
tetraz-lira (m)	korhoen (het)	['kɔrhun]
perdiz-cinzenta (f)	patrijs (de)	[pa'trɛjs]
estorninho (m)	spreeuw (de)	[sprēw]
canário (m)	kanarie (de)	[ka'nari]
galinha-do-mato (f)	hazelhoen (het)	['hazəlhun]
tentilhão (m)	vink (de)	[vink]
dom-fafe (m)	goudvink (de)	['xaudvink]
gaivota (f)	meeuw (de)	[mēw]
albatroz (m)	albatros (de)	[albatrɔs]
pinguim (m)	pinguïn (de)	['piŋgwin]

139. Peixes. Animais marinhos

brema (f)	brasem (de)	['brasəm]
carpa (f)	karper (de)	['karpər]
perca (f)	baars (de)	[bārs]
siluro (m)	meerval (de)	['mērval]
lúcio (m)	snoek (de)	[snuk]
salmão (m)	zalm (de)	[zalm]
esturjão (m)	steur (de)	['stør]
arenque (m)	haring (de)	['hariŋ]
salmão (m) do Atlântico	atlantische zalm (de)	[at'lantisə zalm]
cavala, sarda (f)	makreel (de)	[ma'krēl]
solha (f), linguado (m)	platvis (de)	['platvis]
lúcio perca (m)	snoekbaars (de)	['snukbārs]
bacalhau (m)	kabeljauw (de)	[kabə'ljau]
atum (m)	tonijn (de)	[tɔ'nɛjn]
truta (f)	forel (de)	[fɔ'rɛl]
enguia (f)	paling (de)	[pa'liŋ]
raia (f) elétrica	sidderrog (de)	['sidər·rɔx]
moreia (f)	murene (de)	[mʉ'rɛnə]
piranha (f)	piranha (de)	[pi'ranja]
tubarão (m)	haai (de)	[hāj]
golfinho (m)	dolfijn (de)	[dɔl'fɛjn]
baleia (f)	walvis (de)	['walvis]
caranguejo (m)	krab (de)	[krab]
água-viva (f)	kwal (de)	['kwal]
polvo (m)	octopus (de)	['ɔktɔpʉs]
estrela-do-mar (f)	zeester (de)	['zē·stər]
ouriço-do-mar (m)	zee-egel (de)	[zē-'exəl]
cavalo-marinho (m)	zeepaardje (het)	['zē·pārtjə]
ostra (f)	oester (de)	['ustər]
camarão (m)	garnaal (de)	[xar'nāl]
lagosta (f)	kreeft (de)	[krēft]
lagosta (f)	langoest (de)	[lan'xust]

140. Anfíbios. Répteis

cobra (f)	slang (de)	[slaŋ]
venenoso (adj)	giftig	['xiftəx]
víbora (f)	adder (de)	['adər]
naja (f)	cobra (de)	['kɔbra]
píton (m)	python (de)	['pitɔn]
jiboia (f)	boa (de)	['bɔa]
cobra-de-água (f)	ringslang (de)	['riŋ·slaŋ]

| cascavel (f) | ratelslang (de) | ['ratəl·slaŋ] |
| anaconda (f) | anaconda (de) | [ana'kɔnda] |

lagarto (m)	hagedis (de)	['haxədis]
iguana (f)	leguaan (de)	[lexʉ'ãn]
varano (m)	varaan (de)	[va'rãn]
salamandra (f)	salamander (de)	[sala'mandər]
camaleão (m)	kameleon (de)	[kamele'ɔn]
escorpião (m)	schorpioen (de)	[sxɔrpi'un]

tartaruga (f)	schildpad (de)	['sxildpat]
rã (f)	kikker (de)	['kikər]
sapo (m)	pad (de)	[pat]
crocodilo (m)	krokodil (de)	[krɔkɔ'dil]

141. Insetos

inseto (m)	insect (het)	[in'sɛkt]
borboleta (f)	vlinder (de)	['vlindər]
formiga (f)	mier (de)	[mir]
mosca (f)	vlieg (de)	[vlix]
mosquito (m)	mug (de)	[mʉx]
escaravelho (m)	kever (de)	['kevər]

vespa (f)	wesp (de)	[wɛsp]
abelha (f)	bij (de)	[bɛj]
mamangaba (f)	hommel (de)	['hɔməl]
moscardo (m)	horzel (de)	['hɔrsəl]

| aranha (f) | spin (de) | [spin] |
| teia (f) de aranha | spinnenweb (het) | ['spinən·wɛb] |

libélula (f)	libel (de)	[li'bɛl]
gafanhoto (m)	sprinkhaan (de)	['sprinkhãn]
traça (f)	nachtvlinder (de)	['naxt·'vlindər]

barata (f)	kakkerlak (de)	['kakərlak]
carrapato (m)	teek (de)	[tēk]
pulga (f)	vlo (de)	[vlɔ]
borrachudo (m)	kriebelmug (de)	['kribəl·mʉx]

gafanhoto (m)	treksprinkhaan (de)	['trɛk·sprink'hãn]
caracol (m)	slak (de)	[slak]
grilo (m)	krekel (de)	['krekəl]
pirilampo, vaga-lume (m)	glimworm (de)	['xlim·wɔrm]
joaninha (f)	lieveheersbeestje (het)	[livə'hērs·'bestʃə]
besouro (m)	meikever (de)	['mɛjkəvər]

sanguessuga (f)	bloedzuiger (de)	['blud·zœɣxər]
lagarta (f)	rups (de)	[rʉps]
minhoca (f)	aardworm (de)	['ārd·wɔrm]
larva (f)	larve (de)	['larvə]

Flora

142. Árvores

árvore (f)	boom (de)	[bõm]
decídua (adj)	loof-	[lõf]
conífera (adj)	dennen-	['dɛnən]
perene (adj)	groenblijvend	[xrun 'blɛjvənt]
macieira (f)	appelboom (de)	['apəl·bõm]
pereira (f)	perenboom (de)	['perən·bõm]
cerejeira (f)	zoete kers (de)	['zutə kɛrs]
ginjeira (f)	zure kers (de)	['zʉrə kɛrs]
ameixeira (f)	pruimelaar (de)	[prœymə·lãr]
bétula (f)	berk (de)	[bɛrk]
carvalho (m)	eik (de)	[ɛjk]
tília (f)	linde (de)	['lində]
choupo-tremedor (m)	esp (de)	[ɛsp]
bordo (m)	esdoorn (de)	['ɛsdõrn]
espruce (m)	spar (de)	[spar]
pinheiro (m)	den (de)	[dɛn]
alerce, lariço (m)	lariks (de)	['lariks]
abeto (m)	zilverspar (de)	['zilvər·spar]
cedro (m)	ceder (de)	['sedər]
choupo, álamo (m)	populier (de)	[popʉ'lir]
tramazeira (f)	lijsterbes (de)	['lɛjstərbɛs]
salgueiro (m)	wilg (de)	[wilx]
amieiro (m)	els (de)	[ɛls]
faia (f)	beuk (de)	['bøk]
ulmeiro, olmo (m)	iep (de)	[jep]
freixo (m)	es (de)	[ɛs]
castanheiro (m)	kastanje (de)	[kas'tanjə]
magnólia (f)	magnolia (de)	[mah'nɔlija]
palmeira (f)	palm (de)	[palm]
cipreste (m)	cipres (de)	[sip'rɛs]
mangue (m)	mangrove (de)	[man'xrɔvə]
embondeiro, baobá (m)	baobab (de)	['baɔbap]
eucalipto (m)	eucalyptus (de)	[øka'liptʉs]
sequoia (f)	mammoetboom (de)	[ma'mut·bõm]

143. Arbustos

arbusto (m)	struik (de)	['strœyk]
arbusto (m), moita (f)	heester (de)	['hẽstər]

| videira (f) | wijnstok (de) | ['wɛjn·stɔk] |
| vinhedo (m) | wijngaard (de) | ['wɛjnxārt] |

framboeseira (f)	frambozenstruik (de)	[fram'bɔsən·'strœyk]
groselheira-negra (f)	zwarte bes (de)	['zwartə bɛs]
groselheira-vermelha (f)	rode bessenstruik (de)	['rɔdə 'bɛsən·strœyk]
groselheira (f) espinhosa	kruisbessenstruik (de)	['krœys·'bɛsənstrœyk]

acácia (f)	acacia (de)	[a'kaçia]
bérberis (f)	zuurbes (de)	['zūr·bɛs]
jasmim (m)	jasmijn (de)	[jas'mɛjn]

junípero (m)	jeneverbes (de)	[je'nɛvərbɛs]
roseira (f)	rozenstruik (de)	['rɔzən·strœyk]
roseira (f) brava	hondsroos (de)	['hund·rōs]

144. Frutos. Bagas

fruta (f)	vrucht (de)	[vrʉxt]
frutas (f pl)	vruchten	['vrʉxtən]
maçã (f)	appel (de)	['apəl]
pera (f)	peer (de)	[pēr]
ameixa (f)	pruim (de)	['prœym]

morango (m)	aardbei (de)	['ārd·bɛj]
ginja (f)	zure kers (de)	['zʉrə kɛrs]
cereja (f)	zoete kers (de)	['zutə kɛrs]
uva (f)	druif (de)	[drœyf]

framboesa (f)	framboos (de)	[fram'bōs]
groselha (f) negra	zwarte bes (de)	['zwartə bɛs]
groselha (f) vermelha	rode bes (de)	['rɔdə bɛs]
groselha (f) espinhosa	kruisbes (de)	['krœysbɛs]
oxicoco (m)	veenbes (de)	['vēnbɛs]

laranja (f)	sinaasappel (de)	['sināsapəl]
tangerina (f)	mandarijn (de)	[manda'rɛjn]
abacaxi (m)	ananas (de)	['ananas]

| banana (f) | banaan (de) | [ba'nān] |
| tâmara (f) | dadel (de) | ['dadəl] |

limão (m)	citroen (de)	[si'trun]
damasco (m)	abrikoos (de)	[abri'kōs]
pêssego (m)	perzik (de)	['pɛrzik]

| quiuí (m) | kiwi (de) | ['kiwi] |
| toranja (f) | grapefruit (de) | ['grepfrut] |

baga (f)	bes (de)	[bɛs]
bagas (f pl)	bessen	['bɛsən]
arando (m) vermelho	vossenbes (de)	['vɔsənbɛs]
morango-silvestre (m)	bosaardbei (de)	[bɔs·ārdbɛj]
mirtilo (m)	blauwe bosbes (de)	['blauə 'bɔsbɛs]

145. Flores. Plantas

| flor (f) | bloem (de) | [blum] |
| buquê (m) de flores | boeket (het) | [bu'kɛt] |

rosa (f)	roos (de)	[rõs]
tulipa (f)	tulp (de)	[tʉlp]
cravo (m)	anjer (de)	['anjer]
gladíolo (m)	gladiool (de)	[xladi'õl]

centáurea (f)	korenbloem (de)	['korənblum]
campainha (f)	klokje (het)	['klɔkjə]
dente-de-leão (m)	paardenbloem (de)	['pārdən·blum]
camomila (f)	kamille (de)	[ka'milə]

aloé (m)	aloë (de)	[a'lɔe]
cacto (m)	cactus (de)	['kaktʉs]
fícus (m)	ficus (de)	['fikʉs]

lírio (m)	lelie (de)	['leli]
gerânio (m)	geranium (de)	[xə'ranijum]
jacinto (m)	hyacint (de)	[hia'sint]

mimosa (f)	mimosa (de)	[mi'mɔza]
narciso (m)	narcis (de)	[nar'sis]
capuchinha (f)	Oost-Indische kers (de)	[õst·'indisə kɛrs]

orquídea (f)	orchidee (de)	[ɔrxi'dē]
peônia (f)	pioenroos (de)	[pi'un·rõs]
violeta (f)	viooltje (het)	[vi'jõltʃə]

amor-perfeito (m)	driekleurig viooltje (het)	[dri'klørəx vi'õltʃə]
não-me-esqueças (m)	vergeet-mij-nietje (het)	[vər'xēt-mɛj-'nitʃə]
margarida (f)	madeliefje (het)	[madɛ'lifʲə]

papoula (f)	papaver (de)	[pa'pavər]
cânhamo (m)	hennep (de)	['hɛnəp]
hortelã, menta (f)	munt (de)	[mʉnt]

| lírio-do-vale (m) | lelietje-van-dalen (het) | ['leljetʃe-van-'dalən] |
| campânula-branca (f) | sneeuwklokje (het) | ['snēw·'klɔkjə] |

urtiga (f)	brandnetel (de)	['brant·netəl]
azedinha (f)	veldzuring (de)	[vɛlt·'tsʉriŋ]
nenúfar (m)	waterlelie (de)	['watər·leli]
samambaia (f)	varen (de)	['varən]
líquen (m)	korstmos (het)	['korstmɔs]

estufa (f)	oranjerie (de)	[ɔranʒɛ'ri]
gramado (m)	gazon (het)	[xa'zɔn]
canteiro (m) de flores	bloemperk (het)	['blum·pɛrk]

planta (f)	plant (de)	[plant]
grama (f)	gras (het)	[xras]
folha (f) de grama	grass600sprit (de)	['xras·sprit]

folha (f)	blad (het)	[blat]
pétala (f)	bloemblad (het)	['blum·blat]
talo (m)	stengel (de)	['stɛŋəl]
tubérculo (m)	knol (de)	[knɔl]

| broto, rebento (m) | scheut (de) | [sxøt] |
| espinho (m) | doorn (de) | [dōrn] |

florescer (vi)	bloeien	['blujən]
murchar (vi)	verwelken	[vər'wɛlkən]
cheiro (m)	geur (de)	[xør]
cortar (flores)	snijden	['snɛjdən]
colher (uma flor)	plukken	['plʉkən]

146. Cereais, grãos

grão (m)	graan (het)	[xrān]
cereais (plantas)	graangewassen	['xrān·xɛ'wasən]
espiga (f)	aar (de)	[ār]

trigo (m)	tarwe (de)	['tarwə]
centeio (m)	rogge (de)	['rɔxə]
aveia (f)	haver (de)	['havər]
painço (m)	gierst (de)	[xirst]
cevada (f)	gerst (de)	[xɛrst]

milho (m)	maïs (de)	[majs]
arroz (m)	rijst (de)	[rɛjst]
trigo-sarraceno (m)	boekweit (de)	['bukwɛjt]

ervilha (f)	erwt (de)	[ɛrt]
feijão (m) roxo	nierboon (de)	['nir·bōn]
soja (f)	soja (de)	['sɔja]
lentilha (f)	linze (de)	['linzə]
feijão (m)	bonen	['bɔnən]

PAÍSES. NACIONALIDADES

147. Europa Ocidental

Europa (f)	Europa (het)	[ø'rɔpa]
União (f) Europeia	Europese Unie (de)	[ørɔ'pezə 'juni]
Áustria (f)	Oostenrijk (het)	['ōstənrɛjk]
Grã-Bretanha (f)	Groot-Brittannië (het)	[xrōt-bri'taniə]
Inglaterra (f)	Engeland (het)	['ɛŋɛlant]
Bélgica (f)	België (het)	['bɛlxiə]
Alemanha (f)	Duitsland (het)	['dœytslant]
Países Baixos (m pl)	Nederland (het)	['nedərlant]
Holanda (f)	Holland (het)	['hɔlant]
Grécia (f)	Griekenland (het)	['xrikənlant]
Dinamarca (f)	Denemarken (het)	['denəmarkən]
Irlanda (f)	Ierland (het)	['īrlant]
Islândia (f)	IJsland (het)	['ɛjslant]
Espanha (f)	Spanje (het)	['spanjə]
Itália (f)	Italië (het)	[i'taliə]
Chipre (m)	Cyprus (het)	['siprʉs]
Malta (f)	Malta (het)	['malta]
Noruega (f)	Noorwegen (het)	['nōrwexən]
Portugal (m)	Portugal (het)	[portʉxal]
Finlândia (f)	Finland (het)	['finlant]
França (f)	Frankrijk (het)	['frankrɛjk]
Suécia (f)	Zweden (het)	['zwedən]
Suíça (f)	Zwitserland (het)	['zwitsərlant]
Escócia (f)	Schotland (het)	['sxɔtlant]
Vaticano (m)	Vaticaanstad (de)	[vati'kān·stat]
Liechtenstein (m)	Liechtenstein (het)	['lixtɛnstɛjn]
Luxemburgo (m)	Luxemburg (het)	['lʉksɛmbʉrx]
Mônaco (m)	Monaco (het)	[mɔ'nakɔ]

148. Europa Central e de Leste

Albânia (f)	Albanië (het)	[al'baniə]
Bulgária (f)	Bulgarije (het)	[bʉlxa'rɛjə]
Hungria (f)	Hongarije (het)	[hɔnxa'rɛjə]
Letônia (f)	Letland (het)	['lɛtlant]
Lituânia (f)	Litouwen (het)	[li'tauən]
Polônia (f)	Polen (het)	['pɔlən]

Romênia (f)	Roemenië (het)	[ru'meniə]
Sérvia (f)	Servië (het)	['sɛrviə]
Eslováquia (f)	Slowakije (het)	[slɔwa'kɛjə]

Croácia (f)	Kroatië (het)	[krɔ'asiə]
República (f) Checa	Tsjechië (het)	['ʧɛxiə]
Estônia (f)	Estland (het)	['ɛstlant]

Bósnia e Herzegovina (f)	Bosnië en Herzegovina (het)	['bɔsniə ən hɛrzə'xɔvina]
Macedônia (f)	Macedonië (het)	[make'dɔniə]
Eslovênia (f)	Slovenië (het)	[slɔ'vɛniə]
Montenegro (m)	Montenegro (het)	[mɔntə'nɛxrɔ]

149. Países da ex-URSS

| Azerbaijão (m) | Azerbeidzjan (het) | [azərbej'dʒan] |
| Armênia (f) | Armenië (het) | [ar'meniə] |

Belarus	Wit-Rusland (het)	[wit-'ruslant]
Geórgia (f)	Georgië (het)	[xe'orxiə]
Cazaquistão (m)	Kazakstan (het)	[kazak'stan]
Quirguistão (m)	Kirgizië (het)	[kir'xiziə]
Moldávia (f)	Moldavië (het)	[mɔl'daviə]

| Rússia (f) | Rusland (het) | ['ruslant] |
| Ucrânia (f) | Oekraïne (het) | [ukra'inə] |

Tajiquistão (m)	Tadzjikistan (het)	[ta'dʒikistan]
Turquemenistão (m)	Turkmenistan (het)	[turk'menistan]
Uzbequistão (f)	Oezbekistan (het)	[uz'bekistan]

150. Asia

Ásia (f)	Azië (het)	['āzijə]
Vietnã (m)	Vietnam (het)	[vjet'nam]
Índia (f)	India (het)	['india]
Israel (m)	Israël (het)	['israɛl]

China (f)	China (het)	['ʃina]
Líbano (m)	Libanon (het)	['libanɔn]
Mongólia (f)	Mongolië (het)	[mɔn'xɔliə]

| Malásia (f) | Maleisië (het) | [ma'lɛiziə] |
| Paquistão (m) | Pakistan (het) | ['pakistan] |

Arábia (f) Saudita	Saoedi-Arabië (het)	[sa'udi-a'rabiə]
Tailândia (f)	Thailand (het)	['tailant]
Taiwan (m)	Taiwan (het)	[taj'wan]
Turquia (f)	Turkije (het)	[tur'kɛjə]
Japão (m)	Japan (het)	[ja'pan]
Afeganistão (m)	Afghanistan (het)	[af'xanistan]

Bangladesh (m)	Bangladesh (het)	[banhla'dɛʃ]
Indonésia (f)	Indonesië (het)	[indɔ'nɛsiə]
Jordânia (f)	Jordanië (het)	[jor'daniə]
Iraque (m)	Irak (het)	[i'rak]
Irã (m)	Iran (het)	[i'ran]
Camboja (f)	Cambodja (het)	[kam'bɔdja]
Kuwait (m)	Koeweit (het)	[ku'wɛjt]
Laos (m)	Laos (het)	['laɔs]
Birmânia (f)	Myanmar (het)	['mjanmar]
Nepal (m)	Nepal (het)	[ne'pal]
Emirados Árabes Unidos	Verenigde Arabische Emiraten	[və'rɛnixdə a'rabisə ɛmi'ratən]
Síria (f)	Syrië (het)	['siriə]
Palestina (f)	Palestijnse autonomie (de)	[pale'stɛjnsə autɔnɔ'mi]
Coreia (f) do Sul	Zuid-Korea (het)	['zœyd-kɔ'rea]
Coreia (f) do Norte	Noord-Korea (het)	[nõrd-kɔ'rea]

151. América do Norte

Estados Unidos da América	Verenigde Staten van Amerika	[və'rɛnixdə 'statən van a'merika]
Canadá (m)	Canada (het)	['kanada]
México (m)	Mexico (het)	['meksikɔ]

152. América Central do Sul

Argentina (f)	Argentinië (het)	[arxɛn'tiniə]
Brasil (m)	Brazilië (het)	[bra'ziliə]
Colômbia (f)	Colombia (het)	[kɔ'lɔmbia]
Cuba (f)	Cuba (het)	['kʉba]
Chile (m)	Chili (het)	['ʃili]
Bolívia (f)	Bolivia (het)	[bɔ'livia]
Venezuela (f)	Venezuela (het)	[venəzʉ'ɛla]
Paraguai (m)	Paraguay (het)	['paragvaj]
Peru (m)	Peru (het)	[pe'ru]
Suriname (m)	Suriname (het)	[sʉri'namə]
Uruguai (m)	Uruguay (het)	['urugvaj]
Equador (m)	Ecuador (het)	[ɛkwa'dɔr]
Bahamas (f pl)	Bahama's	[ba'hamas]
Haiti (m)	Haïti (het)	[ha'iti]
República Dominicana	Dominicaanse Republiek (de)	[dɔmini'kãnsə repʉ'bliek]
Panamá (m)	Panama (het)	['panama]
Jamaica (f)	Jamaica (het)	[ja'majka]

153. Africa

Egito (m)	Egypte (het)	[ɛ'xiptə]
Marrocos	Marokko (het)	[ma'rɔkɔ]
Tunísia (f)	Tunesië (het)	[tʉ'nɛziə]
Gana (f)	Ghana (het)	['xana]
Zanzibar (m)	Zanzibar (het)	['zanzibar]
Quênia (f)	Kenia (het)	['kenia]
Líbia (f)	Libië (het)	['libiə]
Madagascar (m)	Madagaskar (het)	[mada'xaskar]
Namíbia (f)	Namibië (het)	[na'mibiə]
Senegal (m)	Senegal (het)	[senexal]
Tanzânia (f)	Tanzania (het)	[tan'zania]
África (f) do Sul	Zuid-Afrika (het)	['zœyd-'afrika]

154. Austrália. Oceania

Austrália (f)	Australië (het)	[ɔu'straliə]
Nova Zelândia (f)	Nieuw-Zeeland (het)	[niu-'zēlant]
Tasmânia (f)	Tasmanië (het)	[taz'maniə]
Polinésia (f) Francesa	Frans-Polynesië	[frans-pɔli'nɛziə]

155. Cidades

Amesterdã, Amsterdã	Amsterdam	[amstɛr'dam]
Ancara	Ankara	[ankara]
Atenas	Athene	[a'tenə]
Bagdade	Bagdad	[bax'dat]
Bancoque	Bangkok	['baŋkɔk]
Barcelona	Barcelona	[barse'lɔna]
Beirute	Beiroet	['bɛjrut]
Berlim	Berlijn	[bɛr'lɛjn]
Bonn	Bonn	[bɔn]
Bordéus	Bordeaux	[bɔr'dɔ]
Bratislava	Bratislava	[brati'slava]
Bruxelas	Brussel	['brusɛl]
Bucareste	Boekarest	[buka'rɛst]
Budapeste	Boedapest	[buda'pɛst]
Cairo	Caïro	[ka'irɔ]
Calcutá	Calcutta	[kal'kʉta]
Chicago	Chicago	[ɕi'kagɔ]
Cidade do México	Mexico-Stad	['meksikɔ-stat]
Copenhague	Kopenhagen	[kɔpən'haxən]
Dar es Salaam	Dar Es Salaam	[dar ɛs sa'lām]
Deli	Delhi	['dɛlhi]

Dubai	**Dubai**	[dʉ'bai]
Dublim	**Dublin**	['dʉblin]
Düsseldorf	**Düsseldorf**	[dʉsəl'dɔrf]
Estocolmo	**Stockholm**	[stɔk'hɔlm]
Florença	**Florence**	[flɔ'rans]
Frankfurt	**Frankfort**	['frankfʉrt]
Genebra	**Genève**	[ʒe'nɛvə]
Haia	**Den Haag**	[dɛn hãx]
Hamburgo	**Hamburg**	['hambʉrx]
Hanói	**Hanoi**	[ha'nɔj]
Havana	**Havana**	[ha'vana]
Helsinque	**Helsinki**	['hɛlsinki]
Hiroshima	**Hiroshima**	[hirɔ'ʃima]
Hong Kong	**Hongkong**	[hɔŋ'kɔŋ]
Istambul	**Istanbul**	[istan'bul]
Jerusalém	**Jeruzalem**	[jeruza'lɛm]
Kiev, Quieve	**Kiev**	['kiev]
Kuala Lumpur	**Kuala Lumpur**	[kʉ'ala 'lʉmpʉr]
Lion	**Lyon**	[li'ɔn]
Lisboa	**Lissabon**	['lisabɔn]
Londres	**Londen**	['lɔndən]
Los Angeles	**Los Angeles**	[lɔs 'andʒələs]
Madrid	**Madrid**	[mad'rit]
Marselha	**Marseille**	[mar'sɛjə]
Miami	**Miami**	[ma'jami]
Montreal	**Montreal**	[mɔntrɛ'al]
Moscou	**Moskou**	['mɔskau]
Mumbai	**Bombay, Mumbai**	[bɔm'bɛj], [mumbaj]
Munique	**München**	['mʉnxən]
Nairóbi	**Nairobi**	[naj'rɔbi]
Nápoles	**Napels**	['napɛls]
Nice	**Nice**	[nis]
Nova York	**New York**	[nʉ jork]
Oslo	**Oslo**	['ɔslɔ]
Ottawa	**Ottawa**	['ɔtawa]
Paris	**Parijs**	[pa'rɛjs]
Pequim	**Peking**	['pekiŋ]
Praga	**Praag**	[prãx]
Rio de Janeiro	**Rio de Janeiro**	[riɔ də ʒa'nɛjrɔ]
Roma	**Rome**	['rɔmə]
São Petersburgo	**Sint-Petersburg**	[sint-'petərsbʉrx]
Seul	**Seoel**	[sɛ'ul]
Singapura	**Singapore**	[sinxa'pɔrə]
Sydney	**Sydney**	['sidnɛj]
Taipé	**Taipei**	[taj'pɛj]
Tóquio	**Tokio**	['tɔkiɔ]
Toronto	**Toronto**	[tɔ'rɔntɔ]
Varsóvia	**Warschau**	['warʃʌu]

Veneza	**Venetië**	[ve'nɛtsiə]
Viena	**Wenen**	['wenən]
Washington	**Washington**	['waʃingtɔn]
Xangai	**Sjanghai**	[ɕan'xaj]